Ueber
JURA IN RE
und
deren Verpfändung.

Von

Dr. K. Büchel,
ordentlichem Professor der Rechte zu Marburg.

Marburg und Leipzig.
Jetziger Verlag
der Elwert'schen Universitäts-Buchhandlung.

Früher bei Christian Garthe.
1834.

Vorwort.

Bei dem Streben, die Natur des Pfandrechtes gegen die übrigen s. g. Sachenrechte genauer zu bestimmen, mußte der Verfasser nothwendig auch über das Wesen der jura in re überhaupt und deren gegenseitiges Verhältniß zu einander mit sich in's Reine zu kommen suchen, und zwar um so mehr, als ihm sonst eine richtige Bestimmung der durch die Verpfändung solcher Rechte begründeten Wirkungen unmöglich schien. Wenn er nun in Folgendem die Resultate seines Nachdenkens über diese, bekanntlich sehr subtilen, Fragen dem juristischen Publikum zur Prüfung vorlegt, so hofft er wenigstens, selbst da, wo er von den bisher gangbaren Ansichten mehr oder weniger abweicht, nicht den Vorwurf zu verdienen, daß er, von einer einseitigen Idee ausgehend, ohne die nöthige Umsicht gearbeitet habe. Bedauern muß er hierbei nur, daß ihm eine Beurtheilung seiner im vorigen Jahre erschienenen Abhandlung über die Natur des Pfandrechtes bis jetzt noch nicht zu Gesicht gekommen ist, so wie daß er das zweite Heft der Erläuterungen zu von Wening-Ingenheim's Lehrbuch des gemeinen Civilrechts, von Herrn Professor Fritz in Freiburg, welches sich gerade über die dinglichen Rechte verbreitet, erst erhielt, als die vorliegende Abhandlung schon über die Hälfte gedruckt war. Indessen enthalten dieselben über die Natur der einzelnen jura in re und deren Verhältniß zu einander keine besondere Ausführung, folgen vielmehr stillschweigend der gewöhnlichen Theorie. Namentlich nimmt auch Herr Prof. Fritz S. 403 und 411 eine Ersitzung der Emphyteuse und Superficies, jedoch nur durch 30 oder 40 Jahre hindurch fortgesetzten Besitz, an.

Die von Roßhirt in dem dritten Hefte seiner Zeitschrift für Civil- und Kriminalrecht in Beziehung auf die Abhandlung des Verfassers über die Wirkung der Klagenverjährung gemachten Bemerkungen, sind in einem Anhange berücksichtigt worden, und die, in der Vorrede zu der Abhandlung über die Natur des Pfandrechtes neben der vorliegenden Ausführung versprochene, Erörterung über die Verpfändung für eine nicht vollgiltige obligatio wird thunlichst bald nachfolgen.

Marburg, im April 1834.

Dr. Büchel.

Ueber jura in re und deren Verpfändung.

Die Verpfändung von Seite dessen, dem nur ein Recht an einer fremden Sache (jus in re aliena) zusteht, gehört nicht nur zu den feinsten und schwierigsten Lehren des Privatrechts, sondern auch zu den bestrittensten, wie auf der einen Seite schon die neueren Bestrebungen [1]), richtigere und klarere Begriffe über diesen Rechtstheil zu verbreiten, hinlänglich zeigen, auf der andern Seite aber auch daraus nothwendig folgt, daß man über die verschiedene Natur der einzelnen Rechte an fremder Sache noch nicht im Reinen ist, und daher auch über solche Fragen, welche, wie die hier vorliegende, gerade bestimmte und feste Abscheidung der einzelnen jura in re nach ihrer inneren Natur absolut voraussetzen, unmöglich übereinstimmende Ansichten erwarten kann. Gerade der letztere Umstand scheint aber auch jedem Versuche, die Wirkungen der Verpfändung von Seite des an einer fremden Sache Berechtigten, so lange die innere Natur der einzelnen jura in re noch nicht festgestellt ist, bestimmen zu wollen, schon a priori das Urtheil der Unzeitigkeit sprechen zu müssen, und sonach dürfte auch die vorliegende Abhandlung, wollte der Verfasser sich lediglich an die Verpfändung der jura in re halten, einem solchen Vorwurfe nicht entgehen; da indessen derselbe die ihm drohende Gefahr kennt, so hält er es für nöthig, über die verschiedene Natur der einzelnen jura in re erst einige allgemeine Bemerkungen vorauszusenden.

---

1) Gesterding, Pfandrecht. 2te Aufl. §. 7. S. 67 — 82, insbesondere aber Hepp im Archiv. Bd. XIII. Heft 3. Nro. XVIII. S. 343 — 380. Bd. XV. Heft 1. Nro. IV. S. 79 — 88.

Bekanntlich hat man seit den Glossatoren sämmtliche Rechte in objektiver Beziehung eingetheilt in *jura in re* (s. g. dingliche Rechte) und in *obligationes* (Forderungsrechte), und begreift unter jenen alle Rechte, die nicht blose persönliche [1]) Forderungsrechte sind, mithin sowohl die s. g. dinglichen Sachenrechte, als auch die s. g. dinglich-persönlichen Rechte [2]); eine Eintheilung, die sich zwar im Römischen Rechte selbst nicht findet, aber doch durch die im Römischen Rechte vorkommende Eintheilung der Klagen, in actiones in rem und in personam, veranlaßt worden ist, indem die Glossatoren da, wo im Römischen Rechte eine actio in rem aus einem Rechtsverhältnisse gegeben wird, auch das dieser Klage zu Grunde liegende Rechtsverhältniß selbst ein jus in re nannten, wonach man consequent auch die jura status zu den jura in re zählen mußte, weil nach Justinian's Ausspruch in den Institutionen [3]) auch die auf Anerkennung des status gerichteten Rechtsmittel, als Klagen betrachtet, eher den actiones in rem, als den in personam angehören [4]). — Diese weiteste

1) Den Zusatz „persönliche" halte ich deshalb für nöthig, weil zu den obligationes auch das Pfandrecht seiner inneren Natur nach gehört, vergl. meine Abhandlung über die Natur des Pfandrechts, Marburg 1833, und unten S. 16. — während dasselbe bei der obigen Eintheilung unter die jura in re und zwar unter die dinglichen Sachenrechte fällt.

2) Vergl. v. Wening-Ingenheim, Lehrbuch des gem. Civilrechts. Bd. I. §. 32. und die daselbst angeführten Schriftsteller. Ueber den Werth dieser Eintheilung selbst kann hier keine genauere Untersuchung angestellt werden. Eine andere, meiner Ansicht nach der Natur der Rechte mehr entsprechende Eintheilung, habe ich in meiner angeführten Abhandlung Nro. III. S. 24 — 26, vergl. mit Nro. IX. S. 97 — 99. aufzustellen versucht.

3) §. 13. J. de act. (4. 6.) *Praejudiciales actiones in rem esse videntur;* quales sunt, per quas quaeritur an aliquis liber vel libertus sit, vel de partu agnoscendo.

4) Vergl. meine angeführte Abhandlung S. 102 — 103, und fr. 37. pr. de O. et A. (44. 7.) *Ulpianus libro IV. ad edictum praetoris.* Actionis verbo continetur in rem, in personam, directa,

Bedeutung der jura in re berührt uns hier nicht weiter. — In einem engeren Sinne versteht man dagegen unter jura in re die s. g. dinglichen Sachenrechte, nämlich Eigenthum, Servitut, Emphyteuse, Superficies und Pfandrecht [1]), und in einem noch engeren Sinne blos die s. g. jura in re aliena, also die vier letzten der eben genannten Rechte. Gerade diese sind es nun, deren Verpfändung den eigentlichen Gegenstand der vorliegenden Abhandlung ausmacht, und mit deren gegenseitigem Verhältnisse wir uns eben deshalb noch vorerst etwas genauer beschäftigen müssen.

Das Gemeinschaftliche aller dieser Rechte besteht zunächst darin, daß sie eine fremde, und zwar eine körperliche [2]) Sache voraussetzen, in Beziehung auf welche der Berechtigte in einem unmittelbaren, d. h. nach der Bestellung von dem Bestellenden unabhängigen Rechtsverhältnisse steht, und insofern kann man sagen, daß alle diese Rechte sich als Beschränkungen des Eigenthums darstellten [3]), ohne daß man sich jedoch dadurch

---

utilis, *praejudicium*, sicut ait *Pomponius*, stipulationes etiam quae praetoriae sunt, quia actionum instar obtinent, ut damni infecti, legatorum et si quae similes sunt. Interdicta quoque actionis verbo continentur.

1) Das Erbrecht wird hier deshalb nicht unter den jura in re als dinglichen Sachenrechten aufgeführt, weil der Erbe gar nicht aus dem ihm an einer Sache zustehenden Rechte klagt, sondern nur behauptet, daß er Erbe sey, und daß ihm daher das, was der Gegner selbst als Erbe in Händen hat, wohin also nicht blos Sachen, sondern Alles was als Objekt der Erbschaft erscheint, gehören, herausgegeben werden müsse. Vergl. auch F. J. Stahl, die Philosophie des Rechtes. Bd. II. Abth. 1. Heidelberg 1833. S. 260 — 261.

2) Rücksichtlich des Pfandrechtes muß hier jedoch bemerkt werden, daß dies nicht wie die übrigen dinglichen Rechte nothwendig eine körperliche Sache voraussetzt, sondern auch an einer unkörperlichen Sache, namentlich an Servituten und Forderungsrechten, bestellt werden kann.

3) Schweppe, das Röm. Privatrecht in seiner heutigen Anwendung. 4te Aufl. Bd. II. Göttingen 1828. §. 279. Thibaut,

verleiten lassen darf, anzunehmen, daß diese Rechte als Beschränkungen des Eigenthums sich etwa nur nach dem äußern Umfange der Beschränkung von einander unterschieden, vielmehr muß man sich sogleich auch erinnern, daß diese Beschränkungen insbesondere auch nach ihrer inneren Natur und Bedeutung von einander abweichen, und daß gerade die letztere Beziehung, wie sich unten zeigen wird, sie wesentlich scheidet. Insbesondere muß hier gegen die jetzt gewöhnliche Annahme, daß die sämmtlichen jura in re sich als aus dem Eigenthum abgelös'te Bestandtheile darstellten, gewarnt werden [1]); denn dies ist eigentlich nur bei der Servitut, nicht aber bei den sonstigen dinglichen Rechten, der Fall, wie wir für das Pfandrecht schon nachgewiesen haben [2]), und für die Emphyteuse und Superficies noch unten nachzuweisen gedenken. Ueberhaupt scheint es uns, daß man in neuerer Zeit in der Lehre von den jura in re zu viel Gewicht auf die Analogie der Servitut gelegt habe, und gerade hierdurch abgehalten worden sey, die innere Verschiedenheit der einzelnen dinglichen Rechte genauer zu erkennen; während man freilich auf der andern Seite auch wieder Rechtssätze blos bei den Servituten und als diesen eigenthümlich aufgestellt findet, die doch von allen dinglichen Rechten gelten, wie namentlich den Satz: „servitus in faciendo consistere nequit“ [3]); denn dieser Satz ist gar nicht ein auf die Servituten beschränkter,

---

System. Bd. II. §. 626. W. H. Puchta, über die gerichtlichen Klagen der Land-Eigenthümer. Gießen 1833. §. 66.

1) Mackeldey, Lehrbuch des heut. Röm. Rechts. 10te Aufl. Gießen 1833. Bd. II. §. 209. v. Wening-Ingenheim, Lehrbuch des gemeinen Civilrechts. 4te Aufl. Bd. I. München 1831. §. 115. v. Buchholtz, Versuche. Nro. 14. Puchta, im Rhein. Museum. Bd. I. Heft 4. S. 287.

2) Meine Abhandlung über die Natur des Pfandrechts, insbesondere Nro. VII. S. 81 — 84. Vergl. unten S. 14 u. folg.

3) v. Wening-Ingenheim, Civilrecht. Bd. I. §. 143. Mackeldey, Lehrbuch. Bd. II. §. 276. Note c. und die daselbst angeführten Schriftsteller.

obgleich die Römischen Juristen ihn nur bei diesen als den ursprünglichen und im Civilrechte allein begründeten jura in re hervorheben [1]), wozu sie vielleicht noch insbesondere durch die Verwandtschaft der Servituten mit der Sklaverei veranlaßt wurden, indem sie so den Gegensatz zwischen der servitus als einem jus in re und der servitus als der Gewalt des Herrn über den Sklaven um so schärfer hervorheben wollten [2]); vielmehr gilt dieser Satz bei allen dinglichen Sachenrechten in gleicher Weise [3]); denn derjenige, welcher in einem unmittelbaren, mithin von jedem Dritten unabhängigen Rechtsverhältnisse zu einer Sache zu stehen, also an einer Sache berechtigt zu seyn behauptet, nimmt ja insofern nicht die Thätigkeit einer Person in Anspruch, wie er dies nothwendig müßte, wollte man annehmen, daß ein jus in re in faciendo bestehen könne. Auch findet sich bei keinem der übrigen jura in re Veranlassung dazu, jenen Satz als eine Eigenthümlichkeit der Servituten darzustellen; denn daraus, daß bei dem Pfandrechte der Schuldner zur Zahlung der Pfandschuld gehalten ist, und daß das Pfandrecht in der Regel nur durch Befriedigung des Gläubigers erlischt [4]), wird man nicht etwa ableiten wollen, das Pfandrecht bestehe in faciendo;

---

1) fr. 15. §. 1. de servitut. (8. 1.) *Pomponius* libro XXXIII. ad Sabinum. Servitutum non ea natura est, ut aliquid faciat quis, veluti viridia tollat, aut amoeniorem prospectum praestet, aut in hoc ut in suo pingat, sed ut aliquid patiatur aut non faciat. *cf.* fr. 6. §. 2. si servitus vind. (8. 5.) fr. 81. §. 1. de contrah. emt. (18. 1.)

2) Deshalb sagt Labeo, selbst von der servitus oneris ferendi: *hanc servitutem non hominem debere sed rem.* fr. 6. §. 2. Si servit. (8. 5.)

3) v. Buchholtz, Versuche. Nro. 14. S. 164. Ziffer 2.

4) fr. 13. §. 4. de pignorib. (20. 1.) c. 8. C. eod. (8. 14.) c. un. C. etiam ob chirograph. pec. (8. 7.). Vergl. auch meine Abhandlung über die Wirkung der Klagenverjährung. Marb. 1832. S. 49 u. folg. und über die Natur des Pfandrechts S. 43. u. S. 89 — 91.

denn die obligatio personalis des Schuldners ist ja von der obligatio rei ganz verschieden [1]), wie denn auch die Pfandklage unmittelbar gar nicht auf Bezahlung der Pfandschuld, sondern vielmehr nur auf Herausgabe der verpfändeten Sache gerichtet ist [2]), von welcher letzteren sich jedoch der Verpfänder und auch der dritte Besitzer durch Zahlung der Pfandschuld befreien, und dadurch die Auflösung des Pfandnexus überhaupt herbeiführen kann [3]). Daß aber der Eigenthümer bei der Emphyteuse und Superficies nicht zu positiver Thätigkeit gegen den Emphyteuta oder Superficiar gehalten sey, wird, so verschieden man auch über die innere Natur dieser Rechte denken mag, allgemein zugegeben werden, und so muß dann jener Satz da, wo im Systeme von den bei den jura in re überhaupt geltenden Grundsätzen gehandelt wird, aufgeführt werden. Um jedoch unnöthige Wiederholungen zu vermeiden, wollen wir zunächst die einzelnen jura in re nach ihrer eigenthümlichen Natur darzustellen versuchen, wobei es jedoch für den Zweck der gegenwärtigen Untersuchung genügen wird, das Wesentlichste berührt zu haben.

Was demnach

I. die *servitus* betrifft, so sind, obgleich über deren innere Natur und ihr Verhältniß zum Eigenthum am wenigsten Streit

---

1) Meine Abhandlung über die Natur des Pfandrechtes. Nro. IV.

2) c. 2. C. si unus et plurib. heredib. credit. (8. 32.) *Cum pignoris vindicatio non personam obliget sed rem sequatur.* Vgl. Glück, Comment. Bd. XVIII. §. 1083. S. 333 u. fg. Gesterding, Pfandrecht. 2te Aufl. §. 48. Schweppe, Röm. Privatrecht. 4te Aufl. Bd. II. §. 356. v. Wening-Ingenheim, Lehrbuch. Bd. I. §. 182. Note z. Thibaut, System. Bd. II. §. 664. Mackeldey, Lehrbuch. Bd. II. §. 325a. Note d.

3) fr. 12. §. 1. quib. mod. pignus. (20. 6.) *Paulus* libro V. responsorum. Qui pignoris jure rem persequuntur, a vindicatione rei eos removeri solere, si qualiscunque possessor offerre vellet: neque enim debet quaeri de jure possessoris, cum jus petitoris removeatur, soluto pignore. cf. fr. 16. §. 3. de pign. (20. 1.) c. 19. C. de usuris. (4. 32.) und die in der vorigen Note angeführten Schriftsteller.

herrscht, da gerade in dieser Lehre unsere Quellen am vollständigsten, namentlich vollständiger sind, als über die Emphyteuse und Superficies, unsere Rechtlehrer doch schon über den Begriff derselben, im Gegensatze zu den übrigen dinglichen Rechten, nicht einverstanden [1]; ja von Buchholtz verzweifelt ganz an der Möglichkeit eines genauen positiven Begriffes der Servitut, und will demnach denselben nur negativ dahin fassen, daß alle jura in re, welche nicht Emphyteuse, Superficies oder Pfandrecht hießen, Servituten seyen [2]). Es wäre jedoch jedenfalls auffallend, wenn sich ein positiver Begriff des ältesten und bestimmtesten Rechtes an fremder Sache nicht aufstellen ließe; auch scheint es uns, daß der von unseren Rechtslehrern gewöhnlich aufgestellte Begriff der Servitut dem Wesen derselben besser entspreche, als die von den übrigen dinglichen Rechten gegebenen Definitionen dem Wesen der letzteren, was eben wieder eine Folge des Uebertragens der von der Servitut eigentlich ausschließlich geltenden Grundsätze auf die übrigen dinglichen Rechte an fremder Sache ist.

Die Servitut enthält zunächst bestimmte, aus dem Umfange des Eigenthums wirklich abgelös'te [3]) und dem Servitut-Berechtigten eigenthümlich und selbstständig, d. h. dem Rechte nach so wie sie im Umfange des Eigenthums enthalten waren, jedoch in Folge der Ausscheidung dem Servitut-Berechtigten als eigenes und unabhängig vom Eigenthümer zustehendes Recht, eingeräumte Befugnisse [4]), so daß, so weit

---

1) Ueber die von unseren Rechtslehrern aufgestellten Definitionen der Servitut vergl. man von Buchholtz, Versuche. Nro. 14.

2) A. a. O. S. 161 — 163.

3) Was von Buchholtz a. a. O. S. 158. hiergegen erinnert, daß nämlich alle jura in re (aliena) sich als aus dem Eigenthume abgelös'te Bestandtheile darstellten, wird hoffentlich durch die unten folgenden Bemerkungen über Pfandrecht, Emphyteuse und Superficies beseitigt werden.

4) §. 1. J. de usufr. (2. 4.) *Ususfructus a proprietate separationem recipit.* cf. fr. 5. pr. si ususfr. pet. (7. 6.) Gupet, Abhandlungen. Nro. I. S. 6. und meine Abhandlung über die Natur des Pfandrechtes. Nro. VII.

diese Befugnisse reichen, dem Rechte nach weniger im Eigenthum enthalten ist, die Servitut also auf der einen Seite eine wirkliche deminutio dominii, auf der andern, wenigstens so weit von Prädial-Servituten die Rede ist, ein augmentum dominii bildet [1]). Es ist demnach die servitus zwar ein *jus in corpore*, insofern nämlich die dem Servitut-Berechtigten zustehenden Befugnisse nur in Beziehung auf eine körperliche Sache vorkommen können; sie ist also ein Recht an einer Sache, sie ergreift und durchdringt aber nicht, wie das Eigenthum, die Sache selbst; sie ist demnach kein corpus und auch keine pars corporis [2]), vielmehr ist das Eigenthum rücksichtlich jenes Gegenstandes ganz unbeschränkt, und nur insofern zeigt sich eine Beschränkung, als der Eigenthümer die Befugnisse, welche die Servitut bilden, rechtlich nicht mehr hat. Am deutlichsten findet sich in den Quellen dieser Gesichtspunkt bei dem Usufrukt, als der dem Umfange nach umfassendsten Servitut, ausgesprochen. So lange nämlich der Usufrukt noch mit dem Eigenthum verbunden ist (s. g. usufructus conjunctus, auch causalis), kömmt er als Bestandtheil (pars) des Eigenthums in Betracht:

Paulus libro II. ad edictum.

Ususfructus in multis casibus pars dominii est ... [3])

und daher ist derjenige, der sich erst den Usufrukt an einem Grundstücke und dann das Grundstück selbst versprechen läßt, dem ähnlich, der sich erst einen Theil eines Grundstückes und dann das ganze versprechen läßt.

---

1) fr. 5. §. 9. de operis novi nunciat. (39. 1.) *Ulpianus* lib. LII. ad edictum .... posteaquam jus suum deminuit, alterius auxit, hoc est, posteaquam servitutem aedibus suis imposuit ... Hupet a. a. O. S. 8.

2) fr. 4. si servit. (8. 5.) *Ulpianus* libro XVII. ad edictum. *Loci corpus non est dominii ipsius, cui servitus debetur, sed jus eundi habet.* cf. fr. 2. de usufr. (7. 1.)

3) fr. 4. de usufr. (7. 1.)

Julianus libro LIV. digestorum.

Qui usumfructum fundi stipulatur, deinde fundum, *similis* est ei, qui partem fundi stipulatur, deinde totum, quia fundus dari non intelligitur, si ususfructus detrahatur. Et e contrario qui fundum stipulatus est, deinde usumfructum, similis est ei qui totum stipulatur deinde partem. [1])

womit auch Papinian übereinstimmt:

Papinianus libro VII. responsorum.

Dominus herede fructuario scripto fundum sub conditione legavit; voluntatis ratio non patitur ut heres ex causa fructus emolumentum retineat. Diversum in ceteris praediorum servitutibus, quas heres habuit, responsum est, quoniam *fructus portionis instar* obtinet. [2])

allein es bildet doch der Ususfrukt nicht einen Theil des Eigenthums in dem Sinne, daß mit dessen Absonderung aus dem Eigenthume (ususfructus separatus, auch formalis) nun das Eigenthum rücksichtlich seines körperlichen Umfanges verringert wäre:

Paulus libro XXI. ad edictum.

Recte dicimus eum fundum totum nostrum esse, etiam cujus ususfructus alienus est, quia ususfructus non dominii pars, sed servitutis sit, ut via et iter; nec falso dicitur totum meum esse, cujus non potest ulla pars alterius esse; hoc et *Julianus*, et est verius. [3])

vielmehr besteht der Ususfrukt sowie jede andere Servitut immer nur *in jure*, d. h. sie enthält immer nur aus dem intellektuellen Umfange des Eigenthums abgelös'te Befugnisse [4]). Betrachtet man nun die Servitut in Beziehung auf die res serviens, so ist sie ein *jus in re*; betrachtet man sie aber

---

1) fr. 58. de V. O. (45. 1.)

2) fr. 76. §. 2. de leg. 2.

3) fr. 25. de V. S. (50. 16.)

4) §. 2. J. de reb. incorporal. (2. 2.)

ihrem nächsten Gegenstande nach, so bilden diesen die aus dem Umfange des Eigenthums ausgeschiedenen und dem Servitut-Berechtigten als selbstständiges Recht eingeräumten intellektuellen Eigenthums-Befugnisse, und in dieser Beziehung wird die Servitut im Römischen Rechte, da die dieselben bildenden Befugnisse dem Berechtigten als **eigenes** Recht zustehen, quasi oder auch juris dominium genannt [1]), und die Ausübung derselben erscheint eben deshalb als quasi oder juris possessio [2]), und die Klage, womit der Servitut-Berechtigte die Servitut als selbstständiges Recht in Anspruch nimmt, heißt juris vindicatio [3]), obgleich sie, insofern als dieses Recht doch immer nur an einer körperlichen Sache Statt finden kann, eine wirkliche in rem actio ist [4]). Auf diese Weise

1) fr. 3. si ususfr. pet. (7. 6) fr. 8. pr. de reb. auct. jud. (42. 5.) fr. 15. §. 8. quod vi. (43. 24.) fr. 2. §. 2. de interd. (43. 1.) fr. 22. pr. de aqua. (39. 3.) Du Roi, Archiv. Bd. VI. S. 279. **Meine** Abhandlung über die Natur des Pfandrechts. S. 48.

2) *Gajus* IV. §. 139. pr. J. de interd. (4. 15.) fr. 10. pr. si servit. (8. 5.) fr. 3. §. 17. de vi. (43. 16.) fr. 2. §. 3. de precario. (43. 26.) fr. 23. §. 2. ex quib. causis (4. 6.). Vergl. **Du Roi** a. a. O. S. 281. und über die verschiedene Beziehung der Ausdrücke quasi und juris possessio **meine** Abhandl. a. a. O. Note 12.

3) *Fr. Vat.* §. 92. *Ulpianus* libro IV. de interdictis. Sicut *corpora vindicanti ita et* ***jus***, satisdari oportet. cf. fr. 5. §. 1 u. 2. si ususfr. pet. (7. 6.) fr. 2. pr. u. §. 1. si servit. vind. (8. 5.)

4) Wir können nämlich die Ansicht **Du Roi's** a. a. O., daß die *vindicatio servitutis* eine *actio in rem* ***incorporalem*** sey, nicht billigen, sondern halten dieselbe wie jede andere actio in rem für eine actio in rem *corporalem*. So lange nämlich das alte Vindikations-Verfahren im Gebrauche war, mußte stets entweder die Sache selbst, oder doch ein Theil derselben mit vor den Prätor gebracht werden, wo dann die vindicatio auf diesen Theil quasi in totam rem praesentem vorgenommen wurde. *Gajus* IV. §. 17. Dasselbe Verfahren mußte nun eintreten bei der Servituten-Klage, mithin wurde auch hier die res serviens oder ein Theil derselben vor den Prätor gebracht, und nun nahm der Servitut-Berechtigte die Servitut mit Beobachtung der von

hebt sich der Streit zwischen Du Roi [1]) und Puchta [2]); denn Letzterer, die Servitut blos in ihrem Verhältnisse zur dienenden Sache, also als jus in re betrachtend, verkennt zugleich das Wahre der Ansicht Du Roi's, und dieser, die Servitut nur für sich als aus dem Eigenthume ausgeschiedenes

---

Gajus IV. 16. angegebenen Feierlichkeiten, und zwar wohl mit den Worten in Anspruch: ajo jus mihi esse *hac re* utendi fruendi, oder *in hoc fundo* eundi agendi u. s. f., und klagte der Eigenthümer der dienenden Sache mit der negatoria, so konnte die Formel wieder nicht, wie Du Roi will, lauten: usumfructum meum esse ajo, weil eben Niemand an eigener Sache eine Servitut haben kann, sondern sie mußte wohl so gefaßt seyn: ajo adversario jus non esse *hac re* utendi fruendi u. s. f. Weil also hier immer die körperliche Sache selbst von dem Vindikanten ergriffen und ihr die festuca imponirt wurde, so nannte man die Klagen, bei welchen dies eintrat, actiones in rem, weßhalb dann auch die hereditatis petitio zu den actiones in rem gezählt wurde. Die actio in rem war aber, je nachdem man die Sache selbst oder nur ein jus an derselben in Anspruch nahm, entweder eine *rei* oder eine *juris vindicatio*, welche dann wieder entweder directae oder fictitiae, oder utiles waren. Daß rei vindicatio der technische Ausdruck für die Klage, womit man die Sache selbst, also in ihrem ursprünglichen Umfange als Eigenthümer, in Anspruch nahm, war, dafür können außer den Stellen, welche Du Roi aus den Institutionen und Pandekten angeführt hat: §. 3. J. de emt. et vend. (3. 24.) §. 19. J. de obl. quae ex delict. (4. 1.) Tit. D. de *rei* vindicatione. (6. 1.) fr. 7. eod. fr. 7. §. 8. de Publiciana act. (6. 2.) fr. 2. de tigno juncto (47. 3.) fr. 1. fin. reg. (10. 1.) fr. 1. §. 17. si is qui testam. liber (47. 4.), vergl. mit fr. 16 de servit. (8. 1.) und Fr. Vat. §. 92. noch aus dem Codex folgende Stellen angeführt werden: Tit. C. de *rei* vindicatione. (3. 32.) c. 8. C. depositi. (4. 34.) c. 10. C. de rescind. vend. (4. 44.) c. 3 u. 4. C. de pactis inter emt. et vend. (4. 54.) c. 12. C. de furtis (6. 2.). Außerdem findet sich in c. 28. C. de transact. (2. 4.) der Ausdruck: rerum vindicatio; in const. 1. C. depositi (4. 34.): in rem vindicatio; in c. 3. C. rer. amot. (5. 21.): dominii vindicatio.

1) Archiv. Bd. VI. Nro. 14.

2) Rheinisches Museum. Bd. I. S. 286 — 315.

selbstständiges Recht behandelnd, wo dieselbe allerdings als quasi oder juris dominium erscheint, verkennt daneben ihre Eigenschaft als jus in re, also ihr stetes Bedingtseyn durch den Bestand der dienenden Sache.

Gerade in dem bisher Bemerkten zeigt sich der innere eigenthümliche Charakter der Servitut. Es findet sich aber bei derselben noch eine andere Eigenthümlichkeit, nämlich die, daß sie, wenigstens dem Rechte nach, niemals auf einen Andern übertragen werden kann [1]). Zwar hat von Buchholtz diese Eigenthümlichkeit der Servitut insbesondere deshalb in Abrede gestellt, weil, wenn der Eigenthümer einer Sache an derselben eine servitus, namentlich eine servitus praedii rustici pfandweise bestellt, der Pfandgläubiger die Servitut soll veräußern können [2]); allein es wird sich unten zeigen, daß hierdurch jene Eigenthümlichkeit der Servitut gar nicht verletzt wird, und daß von Buchholtz zu diesem Einwurfe nur durch Uebereilung veranlaßt worden seyn könne. Aus dieser Eigenthümlichkeit erklärt sich dann auch noch ein anderer, von den Römischen Juristen bei den Servituten aufgestellter Satz, nämlich der, daß an einer Servitut nicht wieder eine Servitut bestellt werden könne: servitus servitutis non datur [3]); denn dasjenige Recht, welches nicht ganz auf einen Andern übertragen werden kann, kann es auch nicht theilweise; nun

1) *Gajus* II. §. 30. §. 3. J. de usufr. (2. 4.) fr. 66. de jure doc. (23. 3.) fr. 15. fam. hercisc. (10. 2.) fr. 37. de serv. praed. rust. (8. 3.) fr. 16. de servit. (8. 1.) fr. 44. locati. (19. 2.) Schrader, Civil. Abhandl. Abtheil. II. Nro. V. S. 285. v. Löhr, Magazin. Bd. III. Nro. XVI. S. 486—489. von Wening-Ingenheim, Lehrbuch. Bd. I. Schweppe, Handbuch. Bd. II. §. 281.

2) Versuche. Nro. XIV. S. 159—161.

3) fr. 24 u. 33. §. 1. de servit. praed. rust. (8. 3.) fr. 1. de usu et usufructu legato. (33. 2.) fr. 1. §. 16. de aqua quot. et aest. (43. 20.) Thibaut, Versuche. Nro. I. S. 9. Schrader a. a. O. §. 7. v. Wening-Ingenheim, Lehrbuch. Bd. I. §. 142. Mackeldey, Lehrbuch. Bd. II. §. 276.

würde aber darin, daß der Servitut-Berechtigte an seiner Servitut wieder eine Servitut bestellte, eine theilweise Veräußerung der seine Servitut bildenden Befugnisse, und zwar eine dem Rechte nach Statt findende Veräußerung enthalten seyn, was eben der Natur der Servitut widerspricht [1]). Da

---

1) Schrader a. a. O. will diese Eigenthümlichkeit aus der ursprünglichen Verhaßtheit der Servituten als Beschränkungen der Freiheit des Eigenthums erklären; allein dieser Grund würde nur etwa die Unveräußerlichkeit erklären, und die Unmöglichkeit der Bestellung einer Servitut von Seite der Servitut-Berechtigten wäre dann doch nur eine consequente Folgerung aus der Unveräußerlichkeit. Andere Rechtslehrer leiten jenen Satz daraus ab, daß die Servitut nur eine Beschränkung des Eigenthums sey, mithin nur an einer körperlichen Sache, nicht aber an einer Servitut, bestellt werden könne, weil sie dann nicht mehr eine Beschränkung des Eigenthums, sondern der Servitut seyn würde; vergl. Mackeldey, Lehrbuch. Bd. II. §. 276; allein diese Argumentation dreht sich jedenfalls im Cirkel, da die Frage: warum eine Servitut nicht auch an einer Servitut bestellt werden könne, damit beantwortet wird, daß sie nur am Eigenthume Statt finden könne; sodann ist aber dabei auch übersehen, daß, könnte der Servitut-Berechtigte eine Servitut bestellen, die von ihm bestellte Servitut nicht an seiner Servitut, sondern immer nur an der körperlichen Sache Statt finden würde; denn da die Servitut selbst nur an der körperlichen Sache zusteht, so würden die Befugnisse, welche der Servitut-Berechtigte aus dem Umfange seines Rechtes abgelös't hätte, dem jetzt Berechtigten, eben so wie vor der Ablösung ihm selbst, doch wieder nur an der körperlichen Sache zustehen. Nur die Unveräußerlichkeit der Servitut ist also der Grund des Satzes: servitus servitutis non datur, in dem Sinne: daß der Servitut-Berechtigte nicht wieder eine Servitut bestellen könne, wie dies am deutlichsten daraus erhellet, daß jener Satz in dem Sinne: daß eine servitus nicht selbst wieder Objekt einer servitus seyn könne, auch dann wahr wäre, wenn der Servitut-Berechtigte selbst wieder eine Servitut bestellen könnte, weil, da das Objekt seiner Befugnisse selbst die fremde körperliche Sache ist, diese auch das Objekt der von ihm dem Rechte nach auf einen Anderen übertragenen Befugnisse bleiben würde.

nun die Natur der Servitut, wie sie sich im Römischen Rechte aufgestellt findet, auch in Deutschland anerkannt ist, namentlich auch deren Unveräußerlichkeit, so kann auch die nothwendige Folge dieser Natur, daß an einer Servitut nicht wieder eine Servitut bestellt werden könne, bei uns nicht, etwa als eine Römische Spitzfindigkeit, außer Acht gelassen werden [1]).

Fassen wir demnach die bisher entwickelten wesentlichen Merkmale der Servitut zusammen, so dürfte deren Begriff im Gegensatze zu den übrigen jura in re wohl folgendermaßen sich aufstellen lassen: Die Servitut ist die auf dem Civilrechte beruhende Beschränkung des Eigenthums, welche sich als ein zum Vortheile einer bestimmten Person oder Sache gereichendes, einzelne aus dem intellektuellen Umfange des Eigenthums, und zwar dem Rechte nach, abgelös'te Befugnisse enthaltendes, selbstständiges Recht — als *quasi dominium juris* — darstellt.

Wenden wir uns daher:

II. zum Pfandrechte, so können wir uns hier um so eher kurz fassen, als wir in einer eigenen Abhandlung dessen Natur zu entwickeln, und das Unterscheidende desselben von den übrigen dinglichen Sachenrechten, insbesondere der Ser-

---

1) Schrader a. a. O. S. 321. behauptet zwar eine fast gänzliche Aufhebung jenes Satzes durch neuere Milderung, und zwar wegen fr. 33. §. 1. de servit. praed. rust. (8. 3.); allein diese Stelle sagt blos, daß eine Wassergerechtigkeit mit Erlaubniß des Herrn des dienenden Grundstückes auch über den Bedarf des herrschenden Grundstückes könne ausgeübt werden, behandelt also eine ganz andere als die hier vorliegende Frage. Auch konnte keine Milderung jenes Satzes Statt finden, wollte man die Unveräußerlichkeit der Servituten festhalten, und deshalb würde selbst Schrader, da er in Beziehung auf die Unveräußerlichkeit keine Milderung behauptet, auch in Beziehung auf die Folge derselben, daß der Servitut-Berechtigte nicht wieder eine Servitut bestellen könne, hätte er den letzteren Satz als Folge des ersteren erkannt, keine Milderung behauptet haben.

vitut, darzustellen bemüht gewesen sind, namentlich auch nachzuweisen gesucht haben, daß rücksichtlich der Dinglichkeit des Rechtes kein Unterschied zwischen pignus im engeren Sinne und hypotheca Statt finde, obgleich in Beziehung auf das dem pignus zu Grunde liegende persönliche Obligations-Verhältniß zwischen Verpfänder und Pfandgläubiger und die nur mit dem Faustpfande verbundene possessio der verpfändeten Sache nicht unerhebliche Verschiedenheiten zwischen pignus und hypotheca herbeigeführt werden.

Das Pfandrecht gehört hiernach, so weit es an einer körperlichen Sache bestellt ist, zwar auch zu den dinglichen Sachenrechten in dem oben aufgestellten Umfange, indem auch der Pfandgläubiger unmittelbar, d. h. unabhängig von dem Verpfänder, in Beziehung auf die Sache, berechtigt ist, und deshalb auch zum Zwecke der Ausübung seines Rechtes eine actio in rem hat, in welcher Beziehung daher auch selbst von den Römischen Juristen das Recht des Pfandgläubigers ein jus in re genannt wird [1]; allein in jeder andern Hinsicht unterscheidet es sich wesentlich von den Servituten. So zunächst, auch abgesehen von der in Beziehung auf den Gegenstand Statt findenden Verschiedenheit, rücksichtlich seines Ursprungs; denn während die Servitut ein ursprünglich auf dem Civilrechte beruhendes Institut ist, gehört das Pfandrecht als dingliches Recht der prätorischen Rechtsbildung an [2]; sodann aber, und insbesondere rücksichtlich seiner inneren Natur; denn während die Servitut einzelne, ursprünglich im Eigenthume

1) fr. 30. de noxalib. act. (9. 4.) *Gajus libro III. ad edictum praetoris urbani, titulo de damno infecto.* In noxalibus actionibus eorum, qui bona fide absunt, jus non corrumpitur, sed reversis defendendi ex aequo et bono potestas datur, *sive domini sint, sive aliquid in ea re jus habeant, qualis est creditor et fructuarius.* cf. fr. 19. pr. de damno infecto. (39. 2.)

2) fr. 17. §. 2. de pactis. (2. 14.) *Paulus* libro III. ad edictum. *De pignore jure honorario nascitur ex pacto actio.* Vgl. meine Abhandlung über die Natur des Pfandrechtes Nro. II.

gelegene, nun aber aus demselben, und zwar dem Rechte nach, ausgeschiedene Bestandtheile enthält, ist das Recht des Pfandgläubigers an der verpfändeten Sache ein, auch seinen inneren Bestandtheilen nach, ganz neues Recht an der Sache, d. h. ein Recht, welches auch vor der Verpfändung seinem materiellen Inhalte nach nicht in dem Umfange des Eigenthums enthalten war, sondern allererst durch die Bestimmung, daß die Sache für eine Forderung als accessorisch verpflichtetes Subjekt haften solle, entstanden ist [1]), mit andern Worten: das Pfandrecht besteht blos in der obligatio rei, d. h. die verpfändete Sache haftet für die fremde Schuld, wie etwa der Bürge für eine fremde Schuld haftet, sie ist aere alieno gravata [2]); ja selbst die Befugniß des Pfandgläubigers, die ihm verpfändete Sache zu veräußern, worin man gewöhnlich [3]), aber gewiß mit Unrecht, das Wesen seines dinglichen Rechtes setzt, ist nicht aus dem Umfange des Eigenthums ausgeschieden, wie schon daraus

1) Vergl. meine angef. Abhandl. Nro. VII. und fr. 1. §. 4. de reb. eor. qui sub tut. (27. 9.)

2) fr. 94. ad leg. Falcid. (35. 2.) *Scaevola* libro XXI. digestorum. Filio et filia scriptis heredibus, singulis certa praelegavit, sed longe minus filiae, cui etiam *domum obligatam* praelegavit cum instrumentis, et quidquid ibi fuerit; et adjecit haec verba: *Sed ea conditione lego, ut quidquid aeris alieni in ea domo erit, Titius libertus filii mei exsolvat, et sit eis utrisque domus communis.* Quaesitum est: si filia legis Falcidiae beneficio uti volet ad quartam retinendam, an ex hereditate quae ei relicta est, deducto aere alieno, ejus, quod superfuerit, quartam consequi debeat? Respondi, jure quidem id postulaturam, verum non alias ea, quae ei data sunt, accepturam, si modo ea quartam suppleant, quam voluntati defuncti solvendum praestando pareret. cf. fr. 1. §. 16. fr. 16. §. 3. ad Sctum Treb. (36. 1.)

3) Vergl. v. Wening-Ingenheim, Lehrbuch. Bd. I. §. 171. Gesterding, die Lehre vom Pfandrechte. 2te Aufl. Greifswald 1831, §. 25. Richtiger stellen die Sache dar: Thibaut, System. Bd. II. §. 648 u. 649. Schweppe, Handbuch. Bd. II. §. 330. b.

erhellet, daß der Verpfänder die Veräußerungs-Befugniß auch nach der Verpfändung hat [1]), was unmöglich wäre, wenn die Veräußerungs-Befugniß hier aus dem Eigenthume so abge-

1) c. 12. C. de distract. pign. (8. 28.) c. 10. C. de remiss. pign. (8. 26.) c. 15. C. de pignor. (8. 14.). Im früheren Rechte, d. h. hier vor Justinian, mußte sogar der Vertrag, der Verpfänder solle nicht veräußern dürfen, ungiltig seyn. Zwar wird man sich hier auf das fr. 7. § 2. de distractione pignorum (20. 5.) berufen, nach welchem schon Marcian das Gegentheil behauptet habe: *Marcianus* libro singulari ad formulam hypothecariam. Quaeritur: si pactum sit a creditore, ne liceat debitori hypothecam vendere vel pignus, quid juris sit, et an pactio nulla sit talis, quasi contra jus sit posita, ideoque venire possit? Et certum est, nullam esse venditionem ut pactioni stetur. Diese Stelle hat von jeher unseren Rechtslehrern besondere Schwierigkeit verursacht, und man hat deshalb verschiedene Emendationen versucht, welche bei Glück, Comment. Bd. XVI. S. 56. zusammengestellt sind. Auch dürfte es wohl keinem Zweifel unterliegen, daß sich Marcianus ursprünglich nicht so ausgedrückt haben könne, wie die Stelle jetzt lautet, da der Nachsatz: et certum est u. s. f. gar nicht zum Vordersatze paßt; denn nach der von Marcian aufgeworfenen Frage mußte, wenn dieselbe so, wie geschehen, beantwortet werden sollte, nicht *et certum est* u. s. f., sondern etwa eine Wendung durch sed placuit u. s. f. folgen. Ständen daher nicht die Basiliken entgegen, welche obige Stelle folgendermaßen wiedergeben: *Καλῶς ὁ δανειστὴς συμφωνεῖ μὴ ἐξεῖναι τῷ χρεώστῃ πωλεῖν τὸ ἐνέχυρον.* Basil. lib. XXV. Tit. VII. 7. §. 2. (nach *Fabrotus:* Recte creditor paciscitur ne debitori pignus vendere liceat.), so würde ich anstatt „ut" vorschlagen „ubi" zu lesen, wodurch die Anomalie gehoben wäre; so aber glaube ich, daß Marcianus ursprünglich gesagt habe: et certum est nullam esse pactionem ut venditioni stetur, und daß die jetzige Fassung der Stelle eine mißlungene Interpolation enthalte, wodurch Tribonian sie den Verordnungen Justinian's in const. 9. C. de pactis int. emt. et vend. (4. 54.) und in const. 7. C. de reb. alienand. (4 51.) anpassen wollte. Demnach läßt sich auch eine Ausdehnung dieser Stelle auf alle dinglich Berechtigten an einer fremden Sache mit Lauk, in Linde's Zeitschrift Bd. V. Heft I. Nro. 1. S. 13. in keiner Weise rechtfertigen.

lös't wäre, wie die dem Servitut-Berechtigten zustehenden Befugnisse aus dem Eigenthume abgelös't sind; vielmehr bringt hier der Verpfänder, wie sich eigentlich, da er eine fremde Sache veräußert, schon von selbst versteht, die Veräußerungs-Befugniß des Verpfänders nur zur Ausübung, und erscheint insofern als Prokurator des Verpfänders [1]). Auch steht ihm die Veräußerungs-Befugniß nicht gerade deshalb zu, weil er ein unmittelbares, durch eine dingliche Klage zu verfolgendes Recht an der Sache hat; denn diese würde ihm aus der bei der Verpfändung gegebenen Erlaubniß auch zustehen, wenn er gar nicht ein mit einer dinglichen Klage versehenes Recht an der Sache hätte, wie sie ja wirklich dem Faustpfandgläubiger schon zustehen konnte, auch ehe noch mit der Verpfändung überhaupt eine dingliche Klage verbunden war [2]). Es dürfte sich die Richtigkeit der hier aufgestellten Ansicht, daß das Pfandrecht keine dem Rechte nach aus dem Eigenthume abgelös'ten

---

1) Vergl. meine Abhandlung über die Natur des Pfandrechts. Nro. VII. S. 83 u. 84. Vollkommen wird die von uns aufgestellte Erklärung bestätigt durch die Darstellung des Theophilus zu §. 1. J. quib. alienare licet vel non (2. 8.): *Νῦν δὲ χρὴ λέγειν, πότε ὁ μὴ ὢν δεσπότης δύναται ἐκποιεῖν· τοῦτο δὲ προβαίνει, ὡς ἐπὶ τούτου τοῦ θέματος· ἐδανεισάμην παρὰ σοῦ ἑκατον νομισματα, ἐνεχυρίασά σοι τὸν ἐμὸν ἀγρὸν, συμφωνήσας ὥστε σοι ἐξεῖναι ἐνιαυτοῦ παραδραμόντος κἀμοῦ μὴ καταβαλόντος τὸ χρέος, πιπράσκειν τὸ ἐνέχυρον· ἰδοὺ ἐνταῦθα, ὁ κρεδίτωρ μὴ ὢν δεσπότης, καλῶς εκποιεῖ. ἀλλ', ἐάν τις ἐξετάσῃ τὸ ἀκριβὲς, ὀυ γίνεταί τι παράδοξον· δοκεῖ γὰρ ὁ δεβίτωρ πιπράσκειν ὁ δεσπότης ὢν αὐτῷ τούτῳ, ᾧ διὰ συμφώνου συγχωρεῖ τῷ κρεδίτωρί το πιπράσκειν, ἀγνωμοσύνης γενομένης περι την τοῦ χρέους ἀπόδοσιν.* Die hervorgehobenen Worte übersetzt Reitz: *Sed si quis accurate inquirat, nihil (miri ac) paradoxi hic fit. Videtur enim debitor qui dominus est, vendere eo ipso, quod per pactum creditori concedat vendere, cessatione facta in debiti solutione.*

2) Vergl. meine Abhandlung über die Natur des Pfandrechtes. Nro. II. S. 5.

Bestandtheile enthalte, auch noch aus der Möglichkeit der Verpfändung des Usufrukts von Seite des Servitut-Berechtigten ergeben [1]. Da nämlich, wie oben bemerkt wurde, der Servitut-Berechtigte seine Servitut weder ganz noch theilweise veräußern kann, so würde, enthielte das Pfandrecht dem Rechte nach aus dem verpfändeten Rechte abgelös'te Bestandtheile, auch eine Verpfändung des Usufrukts ganz unmöglich seyn. Nun erkennen zwar unsere Rechtslehrer, daß der Pfandgläubiger, wenn ihm von dem Usufruktuar an dem Usufrukt ein Pfandrecht ist eingeräumt worden, nur der Ausübung nach an dem Usufrukt berechtigt sey, halten dies aber für etwas Besonderes bei der Verpfändung des Usufrukts; allein dies ist nach Obigem der Natur des Pfandrechtes ganz angemessen, und verhält sich auch bei der Verpfändung des Eigenthums ebenso. Das Besondere bei der Verpfändung des Usufrukts von Seite des Usufruktuars ist nur, daß der Pfandgläubiger, wenn man ihm auch hier das Veräußerungs-Recht einräumt, nicht den Usufrukt dem Rechte nach auf den Käufer übertragen kann, sondern nur der Ausübung nach, wie dies aus der Natur des verpfändeten Rechtes folgt, indem der Berechtigte natürlich die Veräußerungs-Befugniß rücksichtlich seines Rechtes einem Andern nur in dem Umfange einräumen kann, in welchem sie ihm selbst zusteht.

Schon aus den bisherigen Bemerkungen ergeben sich die wichtigen und wesentlichen Unterschiede zwischen Pfandrecht und Servitut; denn während die letztere dem Rechte nach aus dem Eigenthum ausgeschiedene und dem Servitut-Berechtigten als selbstständiges Recht eingeräumte Befugnisse enthält, so daß er in Beziehung auf dieselben als quasi dominus erscheint, und daher auch eine quasi oder juris possessio und juris vindicatio hat, stellt sich das Pfandrecht seinem Wesen nach nur als obligatio rei dar, in deren Begriffe es schon liegt,

1) fr. 11. §. 1. fr. 15. pr. de pignor. (20. 1.) fr. 8. pr. quib. mod. pign. (20. 6.). Hepp, Arch. Bd. XVI. Heft 3. Nro. XVIII. S. 346 folg. Gesterding, Pfandrecht. §. 7 folg.

daß hier dem Berechtigten vermöge seines Rechtes die Sache, auch so weit seine obligatio reicht, nicht etwa eigenthümlich gehöre, weil Eigenthum und obligatio sich geradezu ausschließen, da letztere eben nothwendig in privatrechtlicher Hinsicht von einander unabhängige Subjekte voraussetzt [1]). Diese obligatio aber, da sie eben eine obligatio rei ist, erfaßt das corpus der Sache selbst, gerade so wie ursprünglich die obligatio personae nicht etwa am Vermögen des Schuldners im juristischen Sinne haftete, sondern seine physische Persönlichkeit ergriff [2]), und es steht dem Gläubiger zur Geltendmachung seines Rechtes, da dieses als obligatio nicht Gegenstand einer vindicatio seyn kann, eben deshalb auch keine juris, sondern vielmehr eine corporis vindicatio zu, welches corpus er dann zum Zwecke seiner Befriedigung veräußern kann; woraus dann auch von selbst folgt, daß es keinen Besitz des Pfandrechtes, auch keine quasi possessio und sonach auch keine usucapio und überhaupt keinen Erwerb desselben durch fortgesetzten Besitz geben könne [3]), womit auch der Besitz des Faustpfandgläubigers nicht im Widerspruche steht, da dieser nicht ein Besitz des Pfandrechtes, sondern nur der verpfändeten Sache ist, welcher dem Gläubiger ursprünglich wohl deshalb eingeräumt wurde, um ihn bei der Veräußerung unabhängig von dem Verpfänder zu machen.

Daneben ist dann das Pfandrecht ein accessorisches Recht, in welche Eigenschaft man gewöhnlich, wenn nicht den

---

1) Meine Abhandlung über die Natur des Pfandrechtes. Nro. VIII. S. 87 folg., vergl. mit Nro. IX. S. 99. Note 6. und §. 12. J. de obl. quae ex del. (4. 1.) fr. 4. u. 11. de jud. (5. 1.) fr. 16 u. 17. pr. de furtis. (47. 2.)

2) Hiernach erscheint die frühere Befugniß der Gläubiger, den Schuldner in Stücke zu zerschneiden, wenn er nicht zahlte, *Gellius* XX. 1., nicht sehr auffallend, sondern nur als mittelbare Nöthigung, denselben zur Zahlung zu bewegen; vergl. Zimmern, Rechtsgeschichte. Bd. III. §. 45 u. 46. A. M. scheint jetzt wieder *Holtius*, historiae juris Romani lineamenta. Leodii 1830. p. 68.

3) Meine Abhandlung über die Natur des Pfandrechtes Nro. V.

einzigen, doch den hauptsächlichsten und charakteristischen Unterschied des Pfandrechts von der Servitut und den übrigen dinglichen Sachenrechten zu setzen pflegt [1]). Nun ist zwar so viel allerdings wahr, daß das Pfandrecht ohne eine Forderung, für welche die verpfändete Sache haftet, gar nicht gedacht werden kann, so daß also dasselbe insofern immer als eine accessio des Forderungsrechtes erscheint; allein hierin würde doch höchstens nur eine, und zwar eine zunächst nur auf Entstehung und Erlöschung des Pfandrechtes, nicht aber auf dessen innere Bedeutung Einfluß habende Verschiedenheit von den übrigen dinglichen Sachenrechten liegen; sodann aber ist auch jene Verschiedenheit nicht einmal eine allgemeine und durchgreifende; denn wenn auch die Emphyteuse und Superficies in der Art selbstständig sind, daß sie nicht etwas Anderes als principale bei dem Berechtigten voraussetzen, so ist doch die Servitut eben so sehr ein accessorisches Recht, wie das Pfandrecht, indem einmal die servitus praedii auf Seite des Berechtigten nothwendig ein praedium dominans voraussetzt, als dessen qualitas sie erscheint [2]), so daß hier deren accessorische Natur nicht verkannt werden kann, sodann aber auch selbst die servitus personae doch insofern ein wirklich accessorisches Recht bildet, als dieselbe nicht der juristischen Person des Berechtigten zusteht, sondern nur an deren physischen Träger geknüpft ist [3]), und deshalb auch mit diesem zusammenfällt. Demnach unterscheidet sich das Pfandrecht von der Servitut rücksichtlich seiner accessorischen Natur nur dadurch, daß, während die ser-

1) Vergl. von Wening-Ingenheim, Lehrbuch. Bd. I. §. 115. Schweppe, Handbuch. Bd. II. §. 328. Stahl, Philosophie des Rechts. Bd. II. Abth. 1. S. 149. u. A.

2) fr. 86. de V. S. (50. 16.) *Celsus* libro V. digestorum. Quid aliud sunt jura praediorum, quam praedia qualiter se habentia? ut bonitas, salubritas, amplitudo. cf. fr. 12. quemadm. sevitus. (8. 6.) fr. 23. §. 2. de servit. praed. rust. (8. 3.) fr. 12. comm. praed. (8. 4.) fr. 10. §. 1. de usurpat. (41. 3.)

3) fr. 1. de servit. (8. 1.) §. 3. J. de usufr. (2. 4.) pr. J. de usu et habit. (2. 5.) fr. 3. §. 3. quib. mod. ususfr. amitt. (7. 4.)

vitus sich als accessorium praedii oder personae darstellt, das Pfandrecht immer ein accessorium einer Forderung bildet, zu deren Sicherung und Deckung es dient, und sich insofern nach der Natur des ihm zu Grunde liegenden Forderungsrechtes richtet, mithin da, wo letzteres, wie es die Regel ist, nicht an die physische Existenz des Gläubigers, sondern vielmehr an seine juristische Persönlichkeit geknüpft erscheint, und daher mit letzterer auf dessen Erben übergeht, auch das Pfandrecht, wenn es nicht etwa bei seiner Bestellung dem Gläubiger nur für seine Lebzeit ist eingeräumt worden, den Erben des Gläubigers zusteht, da aber, wo ausnahmsweise das Forderungsrecht selbst nur an die physische Existenz des ursprünglich Berechtigten geknüpft war, freilich auch das Pfandrecht mit dessen Tode aufhören muß.

Diese Bemerkungen mögen hier genügen, um die eigenthümliche Natur des Pfandrechtes im Gegensatze zur Servitut zu bezeichnen, und dessen Begriff, als einer obligatio rei in securitatem crediti constituta, zu rechtfertigen, indem wir, was die von diesem Begriffe abhängigen Folgen betrifft, auf die von uns versuchte nähere Ausführung darüber verweisen.

Bei weitem schwieriger erscheint dagegen

III. die Feststellung der eigentlichen Natur der Emphyteuse, indem hier die Ansichten unserer bewährtesten Rechtslehrer, und zwar nicht etwa blos über Nebenpunkte, sondern über die Hauptfrage selbst, durchaus von einander abweichen. Während man nämlich seit den Glossatoren die Emphyteuse als ein dominium utile zu betrachten gewohnt war, hat unter den neueren Rechtslehrern vorzüglich Thibaut [1]) die Ansicht zu begründen gesucht, daß die Emphyteuse kein dominium, namentlich auch kein dominium utile sey, sondern vielmehr ein bloses jus in re (aliena) nach der Art der Servituten, nur viel weiter gehend, indem dem Emphytenta außer den Nutzungsrechten auch die Substanz (Proprietät) beschränkende

1) Versuche. Bd. II. Abhandl. 3. und Civilistische Abhandlungen. Nro. 11.

Rechte zuständen, so daß auch dem Emphyteuta aus dem intellektuellen Umfange des Eigenthums abgelös'te Bestandtheile als eigenes, jedoch immer nur als Beschränkung des fremden Eigenthums in Betracht kommendes Recht zuständen, eine Ansicht, welcher später auch von Savigny [1]), der früher dem Emphyteuta ein wirkliches dominium zugeschrieben hatte [2]), beigetreten ist, und die jetzt wohl als die herrschende anzusehen ist [3]), während die ältere Ansicht, daß dem Emphyteuta ein dominium utile zustehe, wieder von Glück [4]), Du Roi [5]) und theilweise auch von v. Tigerström [6]) und v. Schröter [7]) in Schutz genommen worden. Eine eigene abweichende Theorie hat Hufeland [8]) aufgestellt, welcher behauptet, daß sich ein bestimmter Begriff der Emphyteuse überhaupt nicht aufstellen lasse, indem dem Emphyteuta bald wahres Eigenthum, bald auch nur ein geringeres Recht beigelegt werde.

Obgleich es nun jedenfalls gewagt erscheinen dürfte, da, wo solche Autoritäten gegenüberstehen, eine, wenn auch nur theilweise, selbstständige Ansicht aufzustellen und durchzuführen, insbesondere bei einem Institute, welches seine Ausbildung erst der späteren Kaiserzeit verdankt, und über dessen innere Natur wir eben deshalb nur wenig Aufschluß in den Quellen finden, so glaubt doch der Verfasser die Veröffentlichung des Resultates seines Nachdenkens über das in Frage stehende Institut

---

1) Das Recht des Besitzes. (seit der dritten Aufl.) 5te Aufl. §. 9. S. 102.

2) Das Recht des Besitzes. 2te Aufl. S. 99 — 109.

3) Schweppe, Röm. Privatrecht. 3te Aufl. §. 317 u. 320. Handbuch. Bd. II. §. 320. S. 234 u. 235. von Wening-Ingenheim, Lehrbuch. Bd. I. §. 120. S. 292. und §. 157. Mackeldey, Lehrbuch. Bd. II. §. 296. u. A.

4) Commentar. Bd. VIII. §. 577.

5) Archiv. Bd. VI. Nro. XIV und XVIII., insbesondere §. 14.

6) Ueber das frühere Verhältniß des Rechts am ager vectigalis. Greifswald 1828.

7) Linde's Zeitschrift. Bd. II. Heft 2. Nro. VII. S. 237 — 248.

8) Ueber den Geist des Röm. Rechtes. Bd. II. Abtheil. 2. S. 55.

schon deshalb gerechtfertigt, weil selbstständige Forschung die Aufgabe eines Jeden, sich der Wissenschaft widmenden, seyn soll, und demnach auch jeder Versuch, eine bestrittene Frage ihrer Lösung näher zu bringen, wenn sich derselbe nur nicht als durchaus frivol darstellt, schon wegen des sich darin beurkundenden Strebens nach Wahrheit und der dadurch herbeigeführten Möglichkeit, daß spätere Forscher die etwaigen Abwege, auf welche der frühere gerathen ist, um so leichter vermeiden können, wenigstens die Aufmerksamkeit selbst solcher Männer, welche, wie die oben genannten, durch ihre Forschungen sich schon bleibende Verdienste um die Wissenschaft erworben haben, verdient.

Der Verfasser theilt nun insofern die Ansicht Thibaut's, als er dem Emphyteuta kein *dominium*, auch kein *dominium utile*, zuschreiben kann, sondern vielmehr nur ein *jus in re*, aber über die Natur dieses jus in re kann er der Ansicht Thibaut's nicht beitreten, d. h. er kann nicht zugeben, daß dem Emphyteuta aus dem Umfange des Eigenthums abgelös'te und nach Art der Servituten, objektiv als selbstständiges Recht in Betracht kommende Bestandtheile zuständen, vielmehr ist, nach seiner Ansicht, bei der Emphyteuse das Eigenthum dem Rechte nach noch ein volles, und dem Emphyteuta steht nur die Befugniß zu, dasselbe unabhängig vom Eigenthümer auszuüben, so daß ihm die Emphyteuse als das Recht erscheint: fremdes Eigenthum an Grund und Boden gegen Entrichtung eines jährlichen Kanons unabhängig vom Eigenthümer, und (so weit dies mit dem fremden Eigenthume bestehen kann) vollständig auszuüben.

So gefaßt dürfte der Begriff der Emphyteuse allen Anforderungen entsprechen und das eigentliche Wesen derselben genau und auch unterscheidend von allen übrigen dinglichen Sachenrechten ausdrücken. Zunächst entspricht derselbe vollkommen der historischen Grundlage und Bildung des Instituts. Bekanntlich waren die agri vectigales der Municipien und Kirchen, so wie die, vielleicht schon ursprünglich mit diesen völlig identischen [1]), gewiß aber in rechtlicher Beziehung nach gleichen Grundsätzen zu beurtheilenden, agri emphyteuticarii [2]) eine Nachbildung des Rechtes der Besitzer an dem alten ager publicus und fundus provincialis [3]). Daß aber den Besitzern an diesen kein Eigenthum, auch nicht das in bonis oder ein dominium utile, zugestanden habe, darüber herrscht nach den so verdienstvollen Ausführungen Niebuhr's [4]), von Savigny's [5]) und Birnbaum's [6]) wohl kein Zweifel; ja Gajus bemerkt ganz ausdrücklich: der Besitzer habe an dem fundus provincialis nur die possessio und den ususfructus gehabt, während das Eigenthum dem Römischen Volke oder Kaiser zugestanden habe.

Sed in provinciali solo placet plerisque solum religiosum non fieri, quia *in eo solo dominium populi Romani est, vel Caesaris; nos autem possessionem tantum et usumfructum habere videmur* [7]).

---

1) Vergl. Birnbaum, die rechtliche Natur der Zehnten. Bonn 1831. S. 63.

2) v. Savigny, Besitz. 5te Aufl. §. 99 folg. Schweppe, Rechtsgeschichte. 3te Aufl., besorgt von Gründler. §. 285. und Handb. Bd. II. §. 318.

3) Niebuhr, Röm. Geschichte. Bd. II. S. 349. von Savigny a. a. O.

4) Römische Geschichte. I. S. 146 folg.

5) Ueber den Röm. Kolonat; in der Zeitschrift für geschichtliche Rechtswissenschaft. Bd. VIII. Heft 3. S. 273.

6) Die rechtliche Natur der Zehnten. Drittes Kapitel. S. 46 und folgende.

7) Gajus II. 7. Eben so klar spricht Gajus II. 21. das Eigenthum an den fundis provincialibus dem Volke oder Kaiser zu: In eadem causa sunt provincialia praedia, quorum alia stipendiaria, alia tributaria vocamus. Stipendiaria sunt ea, quae in his provinciis sunt, quae *propriae* populi Romani esse intelleguntur. Tributaria sunt ea, quae in his provinciis sunt, quae *propriae* Caesaris esse creduntur. Womit dann auch Theophilus zu §. 40. J. de rer. div. (2. 1.) übereinstimmt. Es ist hier nicht der Ort, uns auf die Entscheidung der Frage einzulassen, von welcher Zeit an den Besitzern der Provin-

Durch die Worte: „*nos autem possessionem tantum et usumfructum habere videmur*" will Gajus ausdrücken, daß dem Besitzer an dem Provinzial-Grundstücke nur die unmittelbare Ausübung des Eigenthums zustehe [1]), während das Eigenthum selbst, seinem vollen Inhalte nach, rechtlich dem Römischen Volke oder Kaiser gehöre, so das also das Recht des Besitzers eines fundus provincialis auch nicht etwa als ein den Servituten nachgebildetes, nur in einem weiteren Umfange eintretendes, einzelne aus dem Umfange des Eigenthums — selbst der Proprietät nach — abgelös'te, und nach ihrer Ablösung neben dem Eigenthume als selbstständiges Rechtsobjekt bestehende Bestandtheile umfassendes Recht, welches dann, wie die servitus, ganz passend ein quasi dominium (juris) würde haben genannt werden können, betrachtet werden kann; denn wäre letzteres der Fall gewesen, so hätte, da dem Besitzer des fundus provincialis das Veräußerungs-Recht des fundus im Umfange seines Rechtes zustand, derselbe auch eine Servitut, und zwar nach Civilrecht, an demselben müssen bestellen können, indem er dadurch nur einen Theil der dem Rechte nach ihm zustehenden Befugnisse veräußert haben würde, demjenigen aber, der das Ganze veräußern kann, jedenfalls auch eine theilweise Veräußerung ge-

Grundstücke erweiterte Rechte an denselben seyen eingeräumt worden. Niebuhr, Röm. Gesch. S. 166. nimmt an, daß schon durch eine Verordnung vom Jahre 423 [c. un. Cod. Theod. de rei vindicatione (2. 23.)] die possessio an den Provinz-Grundstücken in wirkliches Eigenthum sey verwandelt worden, während Birnbaum a. a. O. S. 80 folg., wegen *Theophilus* ad §. 40. J. rer. div. (2. 1.), dies erst durch die Verordnungen Justinian's in c. un. C. de nudo jure Quir. toll. (7. 25.) und in c. un. C. de usucapione transform. (cf 31.) eintreten läßt.

1) fr. 115. de V. S. (50. 16) *Javolenus* libro IV. epistolarum. *Possessio* ab agro juris proprietate distat; quidquid enim apprehendimus, cujus proprietas ad nos non pertinet, aut nec potest pertinere, hoc possessionem appellamus. Possessio ergo usus, ager proprietas loci est. Vergl. Savigny, Besitz. S. 176.

stattet seyn muß, und doch war dies anerkanntermaßen und nach ausdrücklichen Quellen-Zeugnissen nicht möglich:

Sed haec scilicet in Italicis praediis ita sunt, quia et ipsa praedia mancipationem et in jure cessionem recipiunt; alioquin in *provincialibus praediis* sive quis usumfructum, sive jus eundi, agendi, aquamve ducendi, vel altius tollendi aedes, aut non tollendi ne luminibus vicini officiatur, ceteraque similia jura constituere velit, pactionibus et stipulationibus id efficere potest; *quia ne ipsa quidem praedia mancipationem aut in jure cessionem recipiunt* [1].

Gajus bemerkt hier, daß, da der Besitzer eines fundus provincialis kein Eigenthum an demselben habe, mithin auch durch Veräußerung desselben kein Eigenthum übertragen könne, er eben so wenig eine Servitut dem Rechte nach daran bestellen könne, weil ihm selbst gar nichts Eigenes daran zustehe. So wie er aber den fundus selbst im Umfange seines Rechtes, also zur unmittelbaren Eigenthums-Ausübung veräußern könne, so könne er auch in diesem Rechte eine Servitut daran bestellen, wo dann natürlich der Servitut-Berechtigte nicht eine Servitut dem Rechte, sondern blos der Ausübung nach erwirbt, in welcher Ausübung er dann durch den Prätor geschützt wird, gerade wie der Prätor auch den Käufer des Usufrukts schützt [2]:

Ulpianus libro XVII. ad Sabinum.

Amitti autem usumfructum capitis minutione constat ...... Et parvi refert, utrum jure sit constitutus ususfructus, an vero tuitione praetoris: proinde traditus quoque ususfructus scilicet *in fundo stipendiario vel tributario* .... capitis minutione amittitur [3].

---

1) *Gajus* II. 31. cf. II. 27.

2) fr. 11. §. 2. de pignorib. (20. 1.) verbis: *eum emtorem ususfructus tuetur praetor.*

3) *Vat. fragm.* §. 61.

Aus dem eben Bemerkten erhellet, daß der Ausdruck „usus-fructus“ in der oben angeführten Stelle des Gajus, wo er sagt: daß der Besitzer eines fundus provincialis nur die possessio und den ususfructus an demselben habe, nicht in seiner technischen Bedeutung für das *jus* utendi fruendi steht, sondern in seiner weiteren Bedeutung für Benutzung überhaupt.

Was so bei dem Vorbilde der agri vectigales und emphyteuticarii eintrat, wird aller Vermuthung nach auch bei diesen selbst Statt gefunden, also auch hier dem Besitzer weder ein Eigenthum, noch auch aus dem Umfange des Eigenthums dem Rechte nach abgelös'te, ein selbstständiges Rechts-Objekt bildende Befugnisse, sondern vielmehr wieder nur die unmittelbare Ausübung des fremden Eigenthums zugestanden haben; und daß sich dies wirklich so verhalte, dürfte nach den hier einschlagenden Aussprüchen unserer Quellen keinem gegründeten Zweifel unterliegen. Es sagt uns nämlich schon Gajus, daß unter den früheren Römischen Juristen Streit über das, der Ueberlassung der Ländereien der Römischen Municipien zur selbstständigen und fortwährenden Ausübung des Eigenthums zu Grunde liegende Rechtsgeschäft, Statt gefunden habe, ob dieses nämlich ein Kauf oder eine Pacht sey; doch habe die Ansicht Derjenigen, welche dasselbe als Pacht betrachteten, den meisten Beifall erhalten:

Adeo autem emtio et venditio et locatio et conductio familiaritatem aliquam inter se habere videntur, ut in quibusdam causis quaeri soleat, utrum emtio et venditio contrahatur, an locatio et conductio; *veluti si qua res in perpetuum locata sit: quod evenit in praediis municipum, quae ea lege locantur, ut, quamdiu id vectigal praestetur, neque ipsi conductori, neque heredi ejus praedium auferatur: sed magis placuit locationem conductionemque esse* [1]).

Dieser Streit fand sich dann auch gleichmäßig bei der Em-

1) *Gajus* III. 145.

phyteuse, und durch ihn wurde Kaiser Zeno veranlaßt, das derselben zu Grunde liegende Geschäft als ein drittes, sich von Kauf und Pacht unterscheidendes (contractus emphyteuticarius) zu bestimmen:

Adeo autem aliquam familiaritatem inter se habere videntur emtio et venditio, item locatio et conductio ut in quibusdam causis quaeri soleat, utrum emtio et venditio contrahatur an locatio et conductio? Ut ecce de praediis, quae perpetuo quibusdam fruenda traduntur, id est ut, quamdiu pensio sive reditus pro his domino praestetur, neque ipsi conductori, neque heredi ejus, cuive conductor heresve ejus id praedium vendiderit, aut donaverit, aut dotis nomine dederit, aliove quoquo modo alienaverit, auferre liceat. Sed talis contractus, quia inter veteres dubitabatur, et a quibusdam locatio, a quibusdam venditio existimabatur, lex *Zenoniana* lata est, *quae emphyteuseos contractus propriam statuit naturam, neque ad locationem, neque ad venditionem inclinantem, sed suis pactionibus fulciendam*, et si quidem aliquid pactum fuerit, hoc ita obtinere, ac si natura talis esset contractus, sin autem nihil de periculo rei fuerit pactum, tunc, si quidem totius rei interitus accesserit ad dominum super hoc redundare periculum, sin particularis, ad emphyteuticarium hujusmodi damnum venire, *quo jure utimur* [1]).

Wie hätten nun die Römischen Juristen, wäre das Recht des Emphyteuta ein dominium, wenn auch nur ein dominium utile, oder auch nur ein der Servitut, ihrer inneren Natur nach, nachgebildetes, nur umfassenderes Recht, je auf den Gedanken kommen können, dasselbe durch eine Pacht entstehen zu lassen? Eigenthum und Servitut erfordern doch zu ihrer vertragsmäßigen Begründung immer (selbst nach prätorischem Rechte) ein auf Veräußerung und Uebertragung des Rechtes gerichtetes Geschäft, die

1) §. 3. J. de locat. et conduct. (3. 24.)

Pacht aber ist ihrer Natur nach niemals auf Veräußerung gerichtet [1]), sondern geht ihrem Wesen nach nur auf die Gestattung der Benutzung. Nun hatten zwar mehrere Römische Juristen die Ansicht, daß dem Rechte des Besitzers an dem ager vectigalis oder emphyteuticarius eher ein Kauf als eine Pacht zu Grunde liege; allein dies hatte auf das dem Besitzer an dem Grundstücke zustehende Recht selbst gar keinen Einfluß, da begreiflicherweise nicht die Juristen zu bestimmen hatten, welche Rechte der Constituent dem Emphyteuta eingeräumt habe, sondern vielmehr nur die Frage zu ihrer Entscheidung vorlag, welchem Rechtsgeschäfte sich das durch Constituirung der Emphyteuse herbeigeführte Rechtsverhältniß am passendsten als Folge anschließen lasse, und hier glaubten einige, dasselbe passe eher zu den Folgen des Kaufes, als der Pacht. Die Pacht an sich nämlich begründet zunächst blos ein persönliches Obligations-Verhältniß, wonach der Pächter verlangen kann, daß ihm der Verpächter die bedungene Benutzung der Sache die ganze Pachtzeit hindurch gleichmäßig gewähre [2]); der Pächter will gar nicht in einem vom Verpächter unabhängigen Verhältnisse zu der gepachteten Sache stehen, sondern will immer erst durch Vermittelung des Verpächters die Sache benutzen, zu welchem Behufe letzterer namentlich die Sache in dem die versprochene Benutzung fortwährend gestattenden Zustande zu erhalten hat [3]). Diese Natur der Pacht widerstritt nun freilich dem Rechtsverhältnisse, welches bei der Ueberlassung des ager vectigalis und emphyteuticarius Statt

1) fr. 39. locati conducti. (19. 2.) *Ulpianus* libro II. ad edictum. *Non solet locatio dominium mutare.* Nur in den Fällen der locatio conductio irregularis leidet dies eine Ausnahme, weßhalb auch Ulpian nur sagt: non *solet.* fr. 31. fr. 3. fr. 54. §. 2. locati cond. (19. 2.) Vergl. auch fr. 8 u. 9. commodati. (13. 6.) und von Wening-Ingenheim, Lehrbuch. Bd. II. §. 261. S. 199. Note b. und §. 266.

2) fr. 9. pr. locati cond. (19. 2.) verbis: *ut ei praestetur frui quod conduxit licere.* cf. fr. 19. §. 5. fr. 30. eod.

3) fr. 25. §. 1. fr. 58. §. 2. locati cond. (19. 2.)

fand; denn hier wollte der Eigenthümer nach der Ueberlassung frei seyn von weiteren persönlichen Verpflichtungen, namentlich nicht selbst die Sache in brauchbarem Zustande erhalten, und deshalb setzte er den Empfänger in das unmittelbare Verhältniß zu der überlassenen Sache zum Zwecke der vollständigen und unabhängigen Benutzung, und insofern paßte allerdings eher die Analogie des Kaufes; denn der Käufer will eben unabhängig seyn von dem Verkäufer, er will die Sache auf eigene Gefahr haben, und der Verkäufer will demnach auch nach dem Abschlusse des Kontrakts und erfolgter Tradition für nichts weiter haften, als daß dem Käufer die Sache rechtlich verbleibe, und so mogte man die Ueberlassung eines ager vectigalis oder emphyteuticarius etwa in dem Sinne als eine Veräußerung betrachten, in welchem man bei dem Verkaufe des Usufrukts von Seite des Usufruktuars von einer Veräußerung redet [1]), also nicht etwa so, als ob man sich dort das Eigenthum selbst auf den Empfänger übergehend gedacht hätte; denn dies mußte selbst nach der Ansicht derjenigen Juristen, welche die Emphyteuse als durch Kauf entstehend betrachteten, bei dem Verkäufer zurückbleiben, weil eben die Absicht des die Emphyteuse Constituirenden gar nicht darauf gerichtet war, das Eigenthum ganz oder auch nur, dem rechtlichen Umfange nach, theilweise zu übertragen, sondern nur so, daß man durch den Verkauf die Sache als zur vollständigen und unabhängigen Eigenthums-Ausübung überlassen ansah, gerade so, wie bei dem Verkaufe des Usufrukts von Seite des Usufruktuars nicht der Usufrukt selbst, d. h. nicht das Recht des Nießbrauchs, das *jus* utendi fruendi, sondern nur die unabhängige Ausübung desselben auf den Käufer übergeht [2]), wodurch sich eben der Käufer des Usufrukts wesent-

1) *Vat. fragm.* §. 41. §. 1. J. de usu et habit. (2. 5.) fr. 12. §. 2. fr. 38. fr. 67. de usufr. (7. 1.) fr. 29. pr. u. §. 1. quib. mod. ususfr. (7. 4.) fr. 8. §. 1. de periculo et commodo rei vend. (18. 6.)

2) fr. 66. de jure dot. (23. 3.) fr. 29. pr. und §. 1. quib. modis. ususfr. Puggé, Rhein. Museum. Bd. I. S. 145 — 157.

lich vom Pächter desselben unterscheidet [1]). Nur eine Folge dieses unmittelbaren Rechtsverhältnisses des Empyteuta in Beziehung auf die Sache zeigt sich in der ihm zustehenden Veräußerungs-Befugniß [2]), wodurch er aber natürlich nicht das Eigenthum auf den Empfänger überträgt, sondern wodurch er die Sache wieder nur im Umfange des ihm daran zustehenden Rechtes, also zum Zwecke der unmittelbaren Eigenthums-Ausübung überläßt, in welcher Beziehung sich eben die Emphyteuse wieder von der Pacht unterscheidet, und wodurch gerade, nach dem Zeugnisse des Theophilus [3]), die Ansicht, daß die Emphyteuse auf einem Kaufe beruhe, hauptsächlich veranlaßt wurde. Zwar steht auch dem Pächter das Recht zu, die gepachtetete Sache weiter zu verpachten, (Afterpacht, sublocatio) [4]); allein dadurch tritt der Afterpächter nicht aus seinem Rechtsverhältnisse zu seinem Verpächter heraus und setzt den Afterpächter nicht in ein unmittelbares Verhältniß zur verpachteten Sache, sondern es wird dadurch nur ein neues, von dem zwischen dem Verpächter und Afterverpächter Statt findenden

1) Auch da, wo den Gegenstand des Vertrages blos die Ausübung eines Rechtes oder die Benutzung einer Sache bildet, unterscheiden sich Kauf und Pacht nicht etwa blos dadurch, daß bei jenem der Preis auf einmal bestimmt wäre, während bei letzterer das Miethgeld sich nach den einzelnen Terminen richte, *de Buchholtz* ad §. 41. *Vat. fragm.*, sondern insbesondere durch die größere oder geringere Abhängigkeit, in welcher der zur Ausübung des Rechtes oder zur Benutzung der Sache Berechtigte zu dem die Ausübung oder Benutzung Ueberlassenden stehen will und soll, wovon dann die Tragung des Zufalls abhängt, und wovon eigentlich auch die auf einmal erfolgende Festsetzung des Preises beim Kaufe eine Folge enthält, während sich das Miethgeld bei der Miethe natürlich nach der Dauer der ungeschmälerten Benutzung richten muß.

2) §. 3. J. de locat. et cond. (3. 24.) c. 1. C. fundis patrimon. (11. 61.)

3) ad §. 3. J. de locat. cond. (3. 24.)

4) c. 6. C. locati cond. (4. 65.) cf. fr. 7. 8. 30. pr. fr. 60. pr. h. t. (19. 2.)

durchaus verschiedenes Obligations-Verhältniß zwischen dem Afterverpächter und Afterpächter herbeigeführt [1]); während bei der Emphyteuse dadurch, daß der Emphyteuta sich in einem unmittelbaren Verhältnisse zu dem fundus befindet, auch die Möglichkeit für ihn herbeigeführt ist, aus diesem unmittelbaren Verhältnisse zu dem Zwecke, daß ein Anderer in dies unmittelbare Verhältniß eintrete, zu scheiden, mit andern Worten, den fundus im Umfange seines Rechtes zu veräußern; zu welcher Veräußerung jedoch, da seine Berechtigung in Beziehung auf die Sache durch fortwährende persönliche Leistungen gegen den Eigenthümer bedingt ist, immer eine Anzeige an den dominus, um den sonst für diesen möglichen Nachtheil abzuwenden, nöthig ist [2]), so daß jede Veräußerung der Emphyteuse von Seite des Emphyteuta sich zugleich als eine neue Verleihung von Seite des dominus darstellt, weßhalb auch diesem von dem neuen Emphyteuta immer die quinquagesima emphyteuticaria gezahlt werden muß [3]). So wie nun der Emphyteuta ganz aus seiner unmittelbaren Eigenthums-Ausübung ausscheiden und dieselbe einem Andern überlassen kann, so kann er dies auch wieder theilweise in der Art, daß er die Ausübung intellektueller Eigenthums-Befugnisse Anderen einräumt, also durch Constituirung von Servituten, wo aber dem Servitut-Berechtigten jene intellektuellen Eigenthums-Befugnisse wieder nicht dem Rechte, sondern blos der Ausübung nach zustehen, in welcher Ausübung er dann wieder vom Prätor geschützt wird:

Ulpianus libro XVII. ad Sabinum.

Non solum usumfructum amitti capitis deminutione constat, sed et actionem de usufructu; et parvi refert,

---

1) fr. 7. fr. 8 u. 11. pr. fr. 24. §. 1. fr. 53. h. t. Vergl. Thibaut, System. Bd. II. §. 862. Note b. v. Wening-Ingenheim, Lehrbuch. Bd. II. §. 262. S. 202. Note h.

2) c. 3. C. de jure emphyt. (4. 66.) Thibaut, System. Bd. II. §. 632. Vergl. Braun, Zusätze zu Thibaut's Pandekten-System. Bd. II. §. 632. S. 551 u. 552.

3) c. 3. C. cit.

utrum ***jure*** *sit constitutus* ususfructus, *an vero* ***tuitione praetoris.*** Proinde traditus quoque ususfructus, *item in* ***fundo vectigali*** *vel superficie* ***non jure constitutus,*** capitis deminutione amittitur [1]).

Hiernach dürfte also die Ansicht derjenigen Juristen, welche die Emphyteuse auf einen Kauf gründeten, nicht so auffallend erscheinen, wie man dieselbe gewöhnlich darstellt, und man hat auch, um sich jene Ansicht zu erklären, nicht nöthig anzunehmen, jene Juristen hätten dem Emphyteuta ein Eigenthum beigelegt, wie dies selbst **Thibaut** [2]) thut; denn dafür gibt es, abgesehen von den Stellen, aus welchen wir die Kenntniß der bemerkten Controverse der früheren Juristen über die Natur des der Bestellung der Emphyteuse zu Grunde liegenden Rechtsgeschäftes haben, keine Belege [3]), und es fragt sich daher

---

1) fr. 1. pr. quib. mod. ususfr. (7. 4.) Die **Basiliken** lib. XVI. Tit. 4. 1. geben diese Stelle so wieder: *Ἡ συστᾶσα χρῆσις τῶν καρπῶν, καὶ ἡ περὶ αὐτῆς ἀγωγὴ, φθείρεται τῇ τῆς πρώτης καταστάσεως ἐναλλαγῇ. τὰ αὐτὰ καὶ περὶ τῆς παρὰ τὸ ἀκριβὲς συνισταμένης χρήσεως τῶν καρπῶν, καὶ εν τῷ ἐμφυτευτικῷ ἀγρῷ ἢ υπερώῳ.* und *Fabrotus* übersetzt: Ususfructus constitutus, et actio de usufructu, prioris status mutatione exstinguitur. Idem dicendum est, et de usufructu qui contra juris rationem constituitur: *et qui in fundo emphyteuticario* vel superficie. Vergl. *Vat. Fragm.* §. 61.

2) Civilist. Abhandlungen. Nro. XI. S. 277.

3) Daß man sich auch die **Benutzung** einer Sache kaufen könne, unterliegt an sich keinem Zweifel, und daher ist auch unsere obige Annahme, daß selbst die Juristen, welche der Emphyteuse einen Kauf zu Grunde legten, doch dem Emphyteuta nur das unabhängige Recht der Ausübung des fremden Eigenthums eingeräumt hätten, nicht paradox. Auch ist es ja bei der **Superficies** sogar gewiß, daß, ehe der Prätor eine dingliche Klage für den Superficiar einführte, der Kauf der Superficies, wie die Miethe derselben, nur ein persönliches Recht auf Gebrauch derselben herbeiführte, fr. 1. §. 1. de superficiebus (43. 18), und eben so gewiß ist es, daß, nachdem das Recht des Superficiars zu einem dinglichen geworden ist, dem Käufer der Superficies wieder kein stärkeres oder weitergehendes Recht an der Superficies zusteht, als dem Miether.

nur, wie umgekehrt die entgegenstehende Ansicht, nach welcher die Emphyteuse als auf einer Pacht beruhend angesehen wurde, nach dem Zeugnisse des Gajus die vorherrschende habe werden können? Dies beruhte, wie uns auch hierüber Theophilus belehrt, auf dem Umstande, daß doch der Emphyteuta das Recht der unmittelbaren Eigenthums-Ausübung an dem fundus immer nur so lange hat, als er die ihm obliegenden Verbindlichkeiten erfüllt, namentlich den canon entrichtet:

Ἀλλὰ τὸ τοιοῦτον συνάλλαγμα, ἐπειδὴ μεταξὺ τῶν παλαιῶν ἀμφιβάλλετο, καὶ ὑπό τινῶν μὲν μίσθωσις, ὑφ᾽ ἑτέρων δὲ πρᾶσις ἐνομίζετο· (πρᾶσις μὲν ἐπειδὴ διέβαινεν ἐπὶ κληρονόμους, καὶ ἐξεποιεῖτο διαφόρως· μίσθωσις δὲ ἐνομίζετο διὰ το καθ᾽ ἕκαστον ἔτος διδόμενον·) διάταξις γέγονε Ζήνωνος τοῦ θειωτάτου, ἥτις ἐμφύτευσιν τοῦτο ἐκάλεσεν, ἰδιάζουσαν αὐτῷ φύσιν ἐπινοήσασα, ουτε πρὸς μίσθωσιν καθόλου, ουτε πρὸς πρᾶσιν ὁρῶσαν, ἀλλ᾽ ἰδίοις ὅροις συνισταμένην. [1]

Thibaut, Syst. Bd. II. §. 638. Freilich kann es bei der Superficies selbst durch den Willen des Eigenthümers des Grundstücks nicht dahin gebracht werden, daß an der Superficies dem Käufer ein selbstständiges Eigenthum zustehe; allein es geht doch aus der Analogie derselben hervor, daß der Kauf nicht nothwendig auf Uebertragung des Eigenthums gerichtet sey, daß vielmehr, wenn die Absicht der Contrahenten nur auf die Gebrauchs-Ueberlassung oder Gestattung der Benutzung geht, auch diese den Gegenstand des Kaufes bilden könne, und dies ist nach unserer Annahme eben bei der Emphyteuse von jeher nur die Absicht der Contrahenten gewesen.

1) *Theophilus* ad §. 3. J. de locat. cond. (3 24) Reitz übersetzt: Sed hic contractus quia inter veteres dubitabatur, et a nonnullis locatio, ab aliis venditio putabatur: (venditio quidem, quod transiret ad heredes, varieque alienaretur; *locatio autem existimabatur propter id, quod quoque anno dabatur:* facta est constitutio divi *Zenonis*, quae *emphyteusin* hoc ad-

In dieser Hinsicht nähert sich dann die Emphyteusis allerdings mehr der Pacht, als dem Kaufe; denn beim Kauf ist das Kaufgeld ein- für allemal bestimmt, sollte es auch in einzelnen Terminen abgetragen werden, und hat demnach der Käufer das Kaufgeld gezahlt, so will er keine weiteren Verbindlichkeiten gegen den Verkäufer haben, namentlich die Fortdauer seines Rechtes nicht abhängig wissen von — durch die fortwährende Ausübung desselben bedingten und — für dieselbe zu entrichtenden Gegenleistungen; was bei der Pacht sich gerade umgekehrt verhält. Es scheint demnach, daß diejenigen Juristen, welche der Emphyteuse einen Kauf zu Grunde legten, den Canon gleichsam als Kaufgeld des emphyteutischen Rechtes für jedes einzelne Jahr betrachtet hätten [1]). Obgleich also nach dem Bisherigen die Verschiedenheit der Ansichten der Römischen

pellabat, specialem ei naturam constituens, quae neque ad locationem omnino, neque ad venditionem spectaret, sed propriis conditionibus constaret.

1) Aus der Darstellung des Theophilus geht nämlich so viel hervor, daß stets ein jährlicher Canon habe bezahlt werden müssen, mogte man nun der Emphyteuse einen Kauf oder eine Pacht zu Grunde legen; denn gerade deshalb hatte ja die Ansicht, daß der die Emphyteuse begründende Vertrag eine Pacht sey, die meisten Anhänger gefunden. Hätten diejenigen Juristen, welche der Emphyteuse einen Kauf zu Grunde legten, ein solches Bedingtseyn des Rechtes des Emphyteuta durch eine fortwährende Abgabe an den Constituenten nicht angenommen, so hätte es Emphyteusen geben müssen, bei welchen eine solche jährliche Leistung nicht vorgekommen wäre; dann hätte aber auch Theophilus als Grund der Verschiedenheit der Ansichten der Römischen Juristen über die Natur des der Emphyteuse vorangehenden Vertrages angeben müssen, daß man da, wo eine jährliche Gegenleistung von Seite des Emphyteuta nicht vorgekommen, sondern die Gegenleistung auf einmal bestimmt worden sey, einen Kauf, da aber, wo eine jährliche Abgabe sey ausbedungen worden, eine Pacht angenommen habe; statt dessen sagt er aber: die Ansicht, daß der Emphyteuse eine Pacht zu Grunde liege, sey insbesondere auf die jährliche Abgabe gebaut gewesen, woraus erhellet, daß ein Canon überall vorgekommen sey.

Juristen über das der Emphyteuse zu Grunde liegende Rechtsgeschäft keinen Einfluß auf das dem Emphyteuta zustehende Recht selbst hatte, indem man vielmehr umgekehrt aus der Natur des durch die Bestellung der Emphyteuse begründeten Rechtsverhältnisses erst auf die Natur des derselben vorausgehenden Rechtsgeschäftes schloß, so mußten sich doch einzelne Folgen jener verschiedenen Ansichten in anderweiter Beziehung zeigen, und dies scheint insbesondere der Fall gewesen zu seyn, rücksichtlich des Einflusses, welchen der theilweise zufällige Untergang des fundus emphyteuticarius auf die Verbindlichkeiten des Emphyteuta ausübe. War die Sache durch den Zufall ganz zu Grunde gegangen, so war gewiß, und zwar nach beiden Ansichten, der Emphyteuta zu weiteren Gegenleistungen nicht verpflichtet, hatte aber der Zufall die Sache nur theilweise getroffen, so mußten diejenigen Juristen, die eine Pacht als Grundlage der Emphyteuse annahmen, auch eine theilweise Befreiung des Emphyteuta, namentlich einen theilweisen Erlaß des Canon, eintreten lassen, und von dieser Ansicht scheint eine Spur in den Pandekten stehen geblieben zu seyn, wonach da, wo durch Zufall dem Besitzer eines ager vectigalis der Fruchtgewinn ist geschmälert worden, von einem Nachlasse die Rede ist:

Ulpianus libro XXXII. ad edictum.

Papinianus libro quarto responsorum ait: si uno anno remissionem quis colono dederit ob sterilitatem, deinde sequentibus annis contingat ubertas, nihil obesse domino remissionem, sed integram pensionem etiam ejus anni, quo remisit, exigendam. *Hoc idem et in vectigalis agri damno respondit* 1).

---

1) fr. 15. §. 4. locati cond. (19. 2.) Nach den Basiliken lib. XX. 1. 15. ist die Stelle so gefaßt: *Εἀν τις ἑνὶ ἐνιαυτῳ συγχωρέσῃ τῷ μισθωτῷ δια τὴν ἀφορίαν το μίσθωμα, καὶ εὐφορία ἐν τοῖς ἑξῆς ἐνιαυτοῖς γένηται, λαμβάνει τὸ συγχωρηθέν. τουτο γαρ και ἐπι ἐμφυτευτἰκου ἐστιν.* Nach *Fabrotus:* Si quis uno anno remissionem conductori dederit ob sterilitatem,

Dagegen mußten diejenigen, welche die Emphyteuse durch Kauf entstehen ließen, einen solchen Erlaß wegen theilweiser zufälliger Verschlechterung des Grundstückes nach der Natur des Kaufes ausschließen. Durch diese Verschiedenheit der Ansichten der Römischen Juristen wurde dann auch Zeno veranlaßt, zu bestimmen, daß, wenn rücksichtlich des die Sache treffenden Zufalls, bei der Bestellung der Emphyteuse nichts Besonderes in einer schriftlichen Urkunde festgesetzt worden sey, der gänzliche Untergang der Sache den Emphyteuta von seinen Verbindlichkeiten befreien, insofern also lediglich den dominus treffen, der theilweise Untergang dagegen an den Verbindlichkeiten des Emphyteuta nichts ändern solle, nach welcher Bestimmung dann auch die in dem obigen Pandekten-Fragmente noch enthaltene Spur der, von der Pacht in dieser Beziehung auf die Emphyteuse angewendeten Grundsätze, als durch bloses Versehen der Compilatoren eingeschlichen, angesehen werden muß [1]).

Es ergibt sich aber aus den seitherigen Bemerkungen zugleich auch, daß die Verordnung von Zeno, wodurch er den

---

deinde sequentibus annis ubertas contigerit, quod remisit exigit: *hoc enim et in agro emphyteutico est.*

1) Noch für anwendbar hält das fr. 15. §. 4. cit. *Mühlenbruch* doctr. pand. Vol. II. §. 300, wogegen sich aber Thibaut, System. §. 632. mit Recht erklärt. Auch liest die vulgata blos: *hoc idem et in vectigali damno respondit*, und erst Haloander schiebt auf die Auctorität der Basiliken „agri" ein. In den Scholien zu der Stelle der Basiliken wird die Stelle außer dem *ager vectigalis* auch auf die Zollpachtung bezogen, indem es heißt: vel finge: Quidam vectigal locavit, puta portuum. accidit autem ut anno quodam naves non adnavigarent saeviente per totum annum tempestate, aut piratis ea loca infestantibus, vel etiam hostibus imminentibus, ideoque vectigal remitteretur conductori ... Entweder muß man also das Pandekten-Fragment auf die Zollpachtung beziehen, oder, als auf einem Versehen der Compilatoren beruhend, für ganz unpraktisch ansehen. Vergl. auch Braun, Zusätze zu Thibaut's System. Bd. II. S. 533.

der Constituirung der Emphyteuse zu Grunde liegenden Vortrag für einen besondern, sich von Kauf und Pacht gleichmäßig unterscheidenden contractus emphyteuticarius erklärte, ganz passend erscheine; denn ohne diese Bestimmung müßte, wollte man der Emphyteuse eine Pacht unterlegen, dieselbe immer als locatio conductio irregularis aufgeführt werden. Die Verordnung Zeno's selbst aber, die für die Bestimmung der Natur der Emphyteuse nach dem neuesten Römischen Rechte gerade die wichtigste ist, lautet folgendermaßen:

Imperator *Zeno* A. Sebastiano Pf. P.

Jus emphyteuticarium neque conductionis neque alienationis esse titulis adjiciendum, sed hoc jus tertium esse constituimus, ab utriusque memoratorum contractuum societate vel similitudine separatum, conceptionem item definitionemque habere propriam, et justum esse validumque contractum, in quo cuncta, quae inter utrasque contrahentium partes, super omnibus, vel etiam fortuitis casibus, pactionibus, scriptura interveniente habitis, placuerint, firma illibataque perpetua stabilitate modis omnibus debeant custodiri, ita ut, si interdum ea quae fortuitis casibus eveniunt, pactorum non fuerint conventione concepta, si quidem tanta emerserit clades, quae prorsus etiam ipsius rei, quae per emphyteusin data est, faciat interitum, hoc non emphyteuticario, cui nihil reliquum permansit, sed rei domino, qui quod fatalitate ingruebat, etiam nullo intercedente contractu habiturus fuerat, imputetur. Sin vero particulare vel aliud leve contigerit damnum, ex quo non ipsa rei penitus laedatur substantia, hoc emphyteuticarius suis partibus non dubitet adscribendum [1]).

Da nun Zeno ausdrücklich bemerkt, daß der contractus emphyteuticarius nicht zu den *alienationis titulis* gehören solle, und Justinian bestimmt sagt: *et hoc jure uti-*

1) c. 1. C. de jure emphyteut. (4. 66.)

mur [1]), wie dies auch Theophilus durch die Bemerkung: ὅπερ καὶ ἐν χρήσει ἐστί τε καὶ πολιτεύεται [2]) bestätigt, so erhellet, daß das durch denselben constituirte Recht kein dominium, auch nicht ein dominium utile sey, wie dies nach unserer Ueberzeugung Thibaut [3]) vollständig nachgewiesen hat; denn um Eigenthum zu übertragen, wird ein auf Eigenthums-Uebertragung gerichtetes Geschäft, also ein alienationis titulus erfordert [4]), wobei es auch keinen Unterschied macht, ob civilrechtliches oder prätorisches, direktes oder utiles Eigenthum begründet werden soll, wie denn auch das frühere in bonis habere, wie das dominium ex jure Quiritium, gleichfalls nur durch ein solches Geschäft entstehen konnte. Sehr mit Recht hat dann Thibaut ferner bemerkt, daß das dominium utile ein vollständiges, nur nicht nach der Strenge des Civilrechts erworbenes, Eigenthum sey, neben welchem ein dominium directum wirksam nicht bestehen könne, und daß die Idee von einem getheilten Eigenthume, wonach dem dominus emphyteuseos ein dominium directum als noch wirksames Obereigenthum, dem emphyteuta dagegen ein dominium utile als nutzbares Untereigenthum zustehen soll, fast wieder den durch Justinian aufgehobenen Unterschied des alten dominium divisum, wonach dem Einen das dominium ex jure Quiritium, dem Andern das in bonis habere zustand [5]),

---

1) §. 3. s. f. J. de locat. cond. (3. 24.)

2) ad §. 3. J. cit.

3) Versuche. Bd. II. Nro. 15. Civil. Abhandl. Nro. 11.

4) fr. 9. §. 3. de acq. rer. dom. (41. 1.) *Gajus* libro II. rerum quotidianarum sive aureorum: Hae quoque res quae traditione nostrae fiunt, jure gentium nobis acquiruntur: *nihil enim tam conveniens est naturali aequitati, quam voluntatem domini volentis rem suam in alium transferre ratam haberi.* c. §. 4. J. de rer. div. (2. 1.). v. Wening-Ingenheim, Lehrbuch. Bd. I. §. 125. Thibaut, System. Bd. II. §. 592. Schweppe, Handb. Bd. II. §. 242. Mackeldey, Lehrbuch. Bd. II. §. 254 u. 256. Warnkönig, im Archiv. Bd. VI. S. 111.

5) *Gajus* II. 40. u. 41. Nach der Darstellung des Gajus muß

in das Rechtssystem einführen würde, nur daß das Obereigenthum größere Wirkungen hervorbringen soll, als das nudum jus Quiritium. Daß ferner der Schluß, den man von der dem emphyteuta zustehenden utilis rei vindicatio auf ein dem emphyteuta zustehendes dominium utile in der Art macht, daß, so wie die rei vindicatio directa ein dominium directum voraussetze, die rei vindicatio utilis auch ein domi-

da, wo von der einen Seite ein blases in bonis habere vorkommen soll, auf der andern Seite ein dominium ex jure Quiritium bestehen, und demnach konnte das in bonis in der Regel nur durch traditio einer res mancipi, die sich in dem dominium ex jure Quiritium des Tradenten oder auch eines Dritten befand, entstehen, nicht aber durch den Erwerb einer res mancipi, welche als res nullius sich in gar keinem Eigenthum, also auch nicht in dem dominium ex jure Quiritium befand, und wo demnach der Erwerb immer ein vollständiger seyn, mithin das plenum dominium, also das in bonis und das ex jure Quiritium begründen mußte; denn wo bestand hier noch ein dominium ex jure Quiritium, und von wem sollte es geltend gemacht werden? Daher mußte durch occupatio, namentlich durch occupatio bellica, immer das plenum dominium erworben werden, *Gajus* IV. §. 16, und eben so auch durch Erzeugung aus einer eigenthümlichen res mancipi. Wir können also auch der Ansicht von Mayer über das duplex dominium des Röm. Rechts, in der Zeitschrift für gerichtl. Rechtswissenschaft Bd. VIII. S. 1, wonach jeder modus acquirendi naturalis einer res mancipi, nur das in bonis begründet haben soll, nicht beipflichten. Eine genauere Erörterung dieser Frage gehört jedoch nicht hierher. Nur so viel dürfte noch bemerkt werden, daß das Eigenthum der Peregrinen, selbst an solchen Sachen, die nach Römer-Recht als mancipi res, in Betracht kamen, nicht ein in bonis habere genannt werden darf, da es hier eben an dem Gegensatze, dem dominium ex jure Quiritium, gebrach; dagegen konnte das in bonis habere der Römer allerdings ein dominium naturale genannt werden. *Theophilus* ad §. 4. J. de libertinis. (1. 5.) Ebenso darf das prätorische Eigenthum nicht mit dem in bonis habere verwechselt werden, weil jenes jedenfalls in viel weiterem Umfange eintrat, als das in bonis, namentlich auch an res nec mancipi Statt finden konnte.

nium utile erfordere, ganz unzulässig sey, ist gleichfalls schon von anderen Rechtslehrern bemerkt worden [1]; denn aus demselben Grunde müßte man auch dem Pfandgläubiger, dem ja gleichfalls eine utilis rei vindicatio zugeschrieben wird [2], ebenfalls ein dominium utile an der verpfändeten Sache beilegen, was doch Niemand behauptet. Was endlich die Berufung der dem Emphyteuta ein dominium utile zuschreibenden Rechtslehrer auf solche Stellen des codex Theodosianus [3] und Justinianeus [4] betrifft, wo bei dem Rechte des Emphyteuta der Ausdruck *dominium* vorkommt, so hat gleichfalls schon Thibaut [5] gezeigt, daß die Römischen Kaiser zuweilen den Besitzern der nach emphyteutischem Rechte verliehenen kaiserlichen Ländereien wirkliches Eigenthum ertheilten [6], und daß

1) Schweppe, Handbuch. Bd. II. §. 320.

2) fr. 16. de servit. (8. 1.) fr. 19. pr. de H. P. (5. 3.) fr. 16. §. 3. de pign. (20. 1.) c. 2. C. si unus ex plurib. hered. (8. 32.) Vergl. meine Abhandlung über die Natur des Pfandrechtes. Nro. IX. S. 115 u. 118. Schweppe, Handbuch. Bd. II. §. 354. a. E.

3) c. 5. C. Theod. de censitorib. (13. 11.) c. un. C. Theod. de comm. div. (2. 25.)

4) c. 2. 4. u. 12. C. de fund. patrim. (11. 61.) Vergl. Glück, Comment. Bd. VIII. §. 600. S. 386 u. 387. v. Schröter, in Linde's Zeitschrift. Bd. II. Heft 2. S. 238.

5) Civil. Abhandl. Nro. 11. S. 271 — 274.

6) Dies erhellet am deutlichsten aus c. 5. de locatione praediorum civilium [11. 70. (71.)]. Impp. *Theodosius* et *Valentinianus* AA. Volusiano Pf. P. Praedia domus nostrae, si semel jure perpetuo vel nostra praeceptione, vel auctoritate illustris viri comitis aerarii privati apud aliquem fuerint, vel jam dudum sint collocata, ad alium transferri perpetuarium non oportet. Aperte enim definimus hoc edicto, ut a perpetuario nunquam possessio transferatur, etiamsi alteri eam Imperator vel exoratus, vel sponte donaverit, sive annotatione sive pragmatica. Cui si forte contra perpetuarium vir illustris comes privatarum rerum, dum allegabitur, acquiescet, et de proprio ipse centum libras auri, et alias centum fisci viribus palatinum inferre cogatur officium; nec tamen post allegationem habebit

demnach jene Constitutionen auf solche Fälle zu beziehen seyen. Wenn sich aber auch zeigen ließe, daß bei dem Rechte des Emphyteuta überhaupt der Ausdruck dominium vorkomme, also nicht blos in solchen Fällen, wo ihm das Eigenthum selbst sey ertheilt worden, so würde doch daraus für die Gegner Nichts folgen, da man, nach einer sehr richtigen Bemerkung Birnbaum's [1]), von dem Emphyteuta sehr gut sagen kann: *in dominio est*, oder: *apud eum dominium est*, ohne daß dadurch der Emphyteuta als wirklicher Eigenthümer, auch nur als dominus utilis bezeichnet wäre; denn so wie man von demjenigen der alieno nomine possidet sagt „*in possessione est*“ [2]),

---

hujusmodi jussio firmitatem. Sed nec locabitur alteri licet ingente superari videatur augmento possessio. Jure igitur perpetuo publici contractus firmitate perpetuarius securus sit, et intelligat, neque a se, neque a posteris suis, vel his ad quos ea res vel successione, vel donatione, sive venditione, vel quolibet alio titulo pervenerit, esse retrahendam. *Sane quia non ex omni parte excludenda est largitas principalis, rem divinae domus suae Imperator, si velit, donabit ei, qui eam possidet jure perpetuo*, sive cujuslibet tituli jure successerit. Videtur enim suam concedere pensionem, non alteri nocere liberalitas, *quae possidentem jure perpetuo dominum vult vocari* ..... Nach dieser Stelle bietet dann auch die c. 12. de fund. patrim. (11. 61.), welche von denselben Kaisern herrührt, und wonach den Besitzern kaiserlicher Emphyteusen selbst das Recht, die mit der Scholle solcher Besitzungen verbundenen Sklaven freizulassen, aus dem Grunde: *quum fundorum sint domini* zustehen soll, in Verbindung mit c. 2. C. de mancipiis et colonis (11. 62.), wonach, wenn solche Besitzer: qui fundorum non sunt domini, Sklaven der bemerkten Art. freigelassen hätten, die Freilassung ungiltig seyn soll, keine weitere Schwierigkeit dar. Auch erklären sich hiernach die c. 4 u. 5. de diversis praed. urb. (11. 70.) von selbst. Vergl. Thibaut, Civil. Abhandl. Nro. 11. S. 273 u. 274.

1) Die rechtliche Natur der Zehnten. S. 96, vergl. S. 60. Note 27. und S. 124. Note 10.

2) fr. 10. §. 1. de acq. vel amitt. poss. (41. 2.) *Ulpianus* libro LXIX. ad edictum. Idem *Pomponius* bellissime tentat dicere: num,

obgleich er nur fremden Besitz ausüben will, eben so gut kann man von dem Emphyteuta sagen: „*in dominio est, quanquam dominus non sit*," indem dadurch sein Verhältniß zu dem emphyteutikarischen Grundstücke sehr gut ausgedrückt wird, womit dann die von uns aufgestellte Ansicht über die Natur seines Rechtes vollkommen übereinstimmt.

So wenig wir nun dem Emphyteuta ein dominium zusprechen können, eben so wenig können wir Thibaut darin beipflichten, daß dem Emphyteuta ein, nach Art der Servituten, aus dem Umfange des Eigenthums, und zwar dem Rechte nach, ausgeschiedene Befugnisse enthaltendes Recht zustände, vielmehr ist hier das Eigenthum auch seinem intellektuellen Umfange nach noch ein volles, und der Emphyteuta unterscheidet sich, auch abgesehen davon, daß er das Recht hat, das fremde Eigenthum, so weit sich dies mit der nothwendigen Fortdauer desselben verträgt, vollständig auszuüben, von dem Servitut-Berechtigten, namentlich dem Usufruktuar insbesondere dadurch, daß letzterer nicht ein fremdes, sondern vielmehr sein eigenes Recht zur Ausübung bringt [1]), obgleich das Recht eine fremde Sache voraussetzt, während der Emphyteuta nirgends ein eigenes, sondern immer nur ein fremdes Recht ausübt [2]), wodurch er sich demnach sowohl vom Eigenthümer,

---

quid qui conduxit quidem praedium, precario autem rogavit, *non ut possideret sed ut in possessione esset?* Est autem longe diversum; *aliud est enim possidere, longe aliud in possessione esse*; denique rei servandae causa, legatorum, damni infecti, non possident, sed sunt in possessione custodiae causa. cf. §. 5. J. de interdictis (4. 15.). Hufeland, Geist des Röm. Rechts. Bd. II. S. 14. v. Savigny, Besitz. S. 64 folg. Ebenso wird ja auch die *servitus* von dem *in servitute esse* unterschieden. *Gajus* I. §. 11. §. 1. J. de ingenuis (1. 4.) cf. pr. J. de libertinis (1. 5.) und *Theophilus* ad §§. J. citt. Selbst der Ausdruck *dominium* findet sich in so weiter Bedeutung. c. 4. C. de aquaeductu. (11. 43.)

1) Daher seine *juris* vindicatio mit der Formel: ajo *jus* mihi esse hac re utendi fruendi; s. oben S. 10 u. 11. Note 4.

2) Es kann daher von dem Emphyteuta, obgleich er im Besitze der

selbst dem dominus utilis, als auch von dem Servitut-Berechtigten wesentlich unterscheidet; denn alle diese Personen bringen und wollen eigene Rechte zur Ausübung bringen. Zwar könnte man nun glauben, gerade das Recht der Eigenthums-Ausübung sey der Gegenstand der Emphyteuse, und sonach sey eben die Ausübung des Eigenthums das aus dem Umfange desselben Ausgeschiedene und dem Emphyteuta als Objekt eines selbstständigen Rechtes Eingeräumte; allein die Ausübung ist nur die formale Seite des Eigenthums, und ohne das Objekt in sich gehaltlos, kann also nicht selbst Gegenstand eines Rechtes seyn; vielmehr ist hier der Gegenstand, und zwar der unmittelbare Gegenstand des Rechtes, immer das fremde Eigenthum.

Nur auf diese Weise erklärt es sich, daß die Emphyteuse ohne eine Veräußerung von Seite des Eigenthümers soll entstehen können [1], was nach der Thibaut'schen Ansicht eben so unerklärbar ist, als nach der Ansicht derjenigen, die dem Emphyteuta ein dominium beilegen; es erklärt sich ferner nur auf diese Weise, warum dem Emphyteuta nicht eine *juris*, sondern vielmehr eine *corporis possessio* [2]) beigelegt wird;

Sache ist, gerade so wie von dem Pfandgläubiger und precario Empfänger, immer gesagt werden: quamquam juste possideat, non tamen opinione domini possidet. cf. fr. 22. §. 1. de noxal. act. (9. 4.) und fr. 13. §. 1. de Publ. in rem act. (6. 2.)

1) c. 1. C. de jure emphyt. (4. 66.)

2) fr. 15. pr. und §. 1. qui satisdare. cog. (2. 8.) *Macer* libro I. de appellationibus. Sciendum est possessores rerum immobilium satisdare non compelli. §. 1. Possessor autem is accipiendus est, qui in agro vel civitate rem soli possidet aut ex asse aut pro parte. *Sed et qui vectigalem, id est emphyteuticam agrum possidat*, possessor intelligendus est. v. Savigny, Besitz. S. 99 — 102, vergl. mit S. 294. von Schröter, in Linde's Zeitschrift. Bd. II. Heft 2. S. 237. und die meisten Neueren. Zwar wendet man gegen die Beweiskraft der obigen Stelle ein, daß dieselbe nicht sowohl von dem Besitze des Emphyteuta als vielmehr von der Befreiung desselben von der satisdatio handle; allein wenn man dies auch zugeben muß, so dürfte doch auf der andern Seite auch kaum geleugnet werden,

denn der unmittelbare Gegenstand seines Rechtes ist nicht ein aus dem Eigenthum ausgeschiedenes, als selbstständiges Rechtsobjekt gedachtes jus, sondern vielmehr das Eigenthum in seinem ganzen Umfange, das corpus selbst; er hat den animus Eigenthum an dem Grund und Boden auszuüben, jedoch nicht eigenes, sondern immer nur fremdes, nur daß ihm diese Eigenthums-Ausübung unabhängig vom Eigenthümer zusteht, er also, obgleich sein Besitz sich immer nur als ein vom Eigenthümer abgeleiteter darstellt [1]), indem er ja das fremde Eigenthum

daß der Emphyteuta als Besitzer des emphyteutischen Grundstückes anerkannt werde. Auch ist nirgends von einer juris possessio des Emphyteuta die Rede, ja es konnte nach der Natur seines Rechtes von einer solchen nicht die Rede seyn. Insbesondere scheint mir aber, außer dem schon von v. Savigny angeführten Grunde, daß der emphyteuta die Früchte wie der b. f. possessor durch blose Separation erwirbt — fr. 25. §. 1. s. f. de usuris. (22. 1.), für die corporis possessio des Emphyteuta einmal der Umstand zu sprechen, daß ihm wegen seines gutgläubigen Besitzes des emphyteutischen Grundstückes die actio Publiciana auf Verfolgung des Grundstückes zustehen soll, fr. 12. §. 2. de Publ. act. (6. 2.); sodann aber und hauptsächlich, daß dem Emphyteuta selbst eine utilis confessoria auf Verfolgung der dem Grundstücke zustehenden Servituten, so wie umgekehrt auch eine utilis negatoria gegen den eine Servitut an dem emphyteutischen Grundstücke in Anspruch Nehmenden gestattet wird, fr. 16. de servitut. (8. 1.); denn da die servitutes praediorum an dem corpus praedii selbst kleben, so muß doch wohl auch derjenige, welcher eine solche Servitut in Anspruch nehmen oder in Abrede stellen will, Besitzer des corpus selbst seyn; wie denn auch dem Usufruktuar, weil er eben nicht corporis, sondern nur juris (ususfructus) possessor ist, die confessoria und negatoria wirklich abgesprochen werden. fr. 1. pr. fr. 5. de ususfr. (7. 6.) Daß Thibaut, Syst. Bd. I. §. 295 u. 308, dem Emphyteuta keine *corporis*, sondern vielmehr nur eine *juris possessio* zuspricht, ist blos eine consequente Folge seiner Ansicht über die Natur des emphyteutischen Rechtes, und muß, wenn letztere als unbegründet sich darstellen sollte, mit ihrer Grundlage zusammenfallen.

1) Meine Abhandlung über die Natur des Pfandrechtes. Nro. V. S. 50 — 51.

anerkennt, doch nicht alieno, sondern vielmehr proprio nomine besitzt, wodurch er sich eben vom Pächter u. s. f. unterscheidet. Eben so erklärt sich auch nur auf diese Weise, warum der Emphyteuta keine *juris*, sondern vielmehr eine *corporis vindicatio* hat, nur daß er die Sache nicht wegen des ihm daran zustehenden Eigenthums in Anspruch nimmt, sondern nur, weil ihm das Recht der unmittelbaren Eigenthums-Ausübung an derselben gebühre, weßhalb er nicht eine *directa*, sondern nur eine *utilis rei vindicatio* hat [1]). Sie ist also nicht, wie Du Roi [2]) will, eine Eigenthumsklage, weder aus dem Eigenthume des emphyteuta, da dieser, wie wir hoffentlich gezeigt haben werden, kein Eigenthum an der Sache hat, mithin auch aus einem solchen die Sache nicht in Anspruch nehmen kann, noch aus dem Eigenthume des dominus emphyteuseos, sondern blos aus dem Rechte des Emphyteuta das fremde Eigenthum an der Sache unabhängig von jedem Dritten auszuüben. Hiernach wird freilich in der Regel der Emphyteuta den Beweis erbringen müssen, daß der Besteller der Emphyteuse Eigenthümer gewesen sey; allein deshalb ist sie keine Klage aus dem Eigenthume des Bestellers, so wenig als die rei vindicatio des successor singularis deshalb eine Klage aus dem Eigenthume seines auctor ist, weil er, wenn er dieselbe gegen einen dritten Besitzer der Sache anstellt, das Eigenthum des auctor nachweisen muß [3]); denn so wie dies nur eine Bedingung des Eigenthums des successor ist, so ist auch der Beweis des Eigenthums des Bestellers der Emphyteuse

---

1) fr. 1. §. 1. *Si ager vectigalis, id est emphyteuticarius petatur.* (6.3.) *Paulus* libro XXI. ad edictum. Qui in perpetuum fundum conduxerunt a municipibus, *quamvis non efficiantur domini, tamen placuit, competere eis in rem actionem adversus quemvis possessorem, sed et adversus ipsos municipes.* cf. fr. 66. pr. de evict. (21. 2.) und fr. 16. de servit. (8. 1.)

2) Archiv. Bd. VI. Nro. XVIII. §. 15 u. 16.

3) §. 3. J. de act. (4. 6.) fr. 6. §. 9. de R. V. (6. 1.) Thibaut, System. 7te Aufl. Bd. II. §. 566. und Braun, in den Zusätzen zu Thibaut's Pandekten-System. Bd. II. S. 480.

nur eine Bedingung des Rechtes des Emphyteuta. Auch wird die selbstständige Natur der Klage aus der Emphyteuse in unseren Quellen ausdrücklich anerkannt [1]; ja es soll der emphyteuta sogar wegen seiner eigenen bonae fidei possessio die Publiciana haben, die jedoch hier nicht auf seiner conditio usucapiendi beruht — wie dies noch besonders bemerkt wird — also auch nicht auf der fictio: rem jam esse usucaptam, sondern auf dem allgemeinen Gesichtspunkte, wonach jeder der meliore jure gaudet, potior seyn soll, als der, welcher infirmiore jure possidet [2]:

Paulus libro XIX. ad edictum.

In vectigalibus et aliis praediis quae usucapi non possunt, Publiciana competit, si forte bona fide mihi tradita sunt [3]:

Da nun der Emphyteuta das Recht hat, das Eigenthum an dem fremden Grundstücke vollständig und unabhängig von dem Eigenthümer und demnach auch von jedem Dritten auszuüben, weßhalb ihm auch eine utilis rei vindicatio eingeräumt ist, während z. B. der Pächter, da er den Verpächter dafür, daß er den versprochenen Gebrauch machen könne, sorgen lassen will, auch nur eine persönliche Klage gegen den letzteren hat, so erklärt sich, wie ihm zugleich auch alle übrigen Klagen, die sonst nur dem Eigenthümer zustehen, utiliter zustehen sollen, namentlich eine utilis vindicatio servitutis rücksichtlich der

---

1) fr. 66. pr. de evict. (21. 2.) *Papinianus* libro XXVIII. quaestionum. Si, quum venditor admonuisset emtorem, ut Publiciana, *vel potius ea actione, quae de fundo vectigali proposita est*, experiretur, emtor id facere supersedit, omnimodo nocebit ei dolus suus, nec committetur stipulatio. cf. tit. D. *si ager vectigalis i. e. emphyteuticarius petatur.* (6. 3.)

2) Thibaut, System. Bd. II. §. 572. Note k.

3) fr. 12. §. 2. de Publ. (6. 2.) In den Basiliken lib. XV. tit. 2. fr. 12. §. 1. lautet die Stelle folgendermaßen: *Καὶ ἐπὶ τῶν ἐμφυτευτικῶν καὶ τῶν ἄλλων τῶν μὴ δυναμένων διὰ χρήσεως κυριευθῆναι.* Nach *Fabrotus:* Et in praediis emphyteuticariis et aliis quae usucapi non possunt. (sc. Publiciana competit.)

dem Grundstücke zustehenden Servituten, und eine utilis negatoria gegen den, der an dem Grundstücke eine Servitut in Anspruch nimmt [1]), ebenso die *actio arborum furtim caesarum* [2]) und die *actio aquae pluviae arcendae* [3]), so wie sämmtliche *judicia divisoria* [4]), ja selbst eine *condictio* auf Herausgabe des Grundstücks:

Ulpianus libro XXVII. ad edictum.

Et generaliter dicendum est, eas res per hanc actionem (sc. condictionem triticiariam) peti, si quae sint praeter pecuniam numeratam, sive in pondere sive in mensura constent, sive mobiles sint sive soli. *Quare fundum quoque per hanc actionem petimus, etsi vectigalis sit;* sive etiam jus stipulatus quis sit, veluti usumfructum vel servitutem utrorumque praediorum [5]).

Ulpian dürfte demnach auch nicht den Vorwurf verdienen, den ihm Thibaut [6]) wegen dieser Stelle macht, daß er es nämlich mit keiner Partei habe verderben wollen, und daher hier in einem unbestimmten Ausdrucke den ager vectigalis mehr auf die Seite des Eigenthums als der Servituten gezogen habe; denn nach Obigem bezog sich der Streit der früheren Juristen nicht auf das dem Emphyteuta an dem Grundstücke

---

1) fr. 16. de servitutibus. (8. 1.) *Julianus* libro XLIX. digestorum. Ei qui pignori fundum accepit, non est iniquum utilem petitionem servitutis dari, sicuti ipsius fundi utilis petitio datur. *Idem servari convenit et in eo, ad quem vectigalis fundus pertinet.*

2) fr. 5. §. 3. arborum furtim caesarum. (47. 7.) *Paulus* libro IX. ad Sabinum. Qui autem fundum vectigalem habet hanc actionem habet, sicut aquae pluviae arcendae actionem et finium regundorum.

3) fr. 23. §. 1. de aqua et aquae pluviae arcendae. (39. 3.) *Paulus* libro XVI. ad Sabinum. Haec actio etiam in vectigalibus agris locum habet.

4) fr. 4. §. 9. finium regund. (10. 1.) fr. 10. familiae hercisc. (10. 2.) fr. 7. pr. comm. div. (10. 3.)

5) fr. 1. pr. de condict. tritic. (13. 2.)

6) Civil. Abhandl. Nro. 11. S. 278 u. 279.

zustehende Recht, indem darüber alle einig waren, sondern nur auf die Natur des zur Begründung desselben dienenden Rechtsgeschäfts; da aber das dem Emphyteuta zustehende Recht nicht wie die Servitut ein aus dem Umfange des Eigenthums ausgeschiedenes und ein selbstständiges Rechtsobjekt bildendes jus war, so konnte auch dem Emphyteuta keine persönliche Klage auf Einräumung desselben gegeben werden, sondern diese mußte, da eben das Grundstück selbst das unmittelbare Objekt seines Rechtes bildete, nothwendig auch auf die Herausgabe des Grundstückes gerichtet seyn, gerade so wie seine vindicatio nicht eine *juris*, sondern vielmehr eine *rei* vindicatio ist.

Daß sich ferner die Veräußerungs-Befugniß des Emphyteuta, und die Möglichkeit, Servituten im Umfange seines Rechtes, also blos der Ausübung nach an dem Grundstücke, zu bestellen, gleichfalls aus der von uns vertheidigten Natur des emphyteutischen Rechtes erkläre, ist schon oben bemerkt worden. Daß aber die von dem Emphyteuta bestellten Servituten nicht als jure constitutae bestehen [1]), widerspricht der Ansicht Thibaut's über die Natur der Emphyteuse gleichfalls, wenigstens wenn man, wie dies doch das Richtigere scheint, annimmt, daß die Emphyteuse als jus in re dem Civilrechte, d. h. hier der Theorie und Praxis, ihren Ursprung verdanke [2]); denn

---

1) fr. 1. pr. quib. mod. usufr. (7. 4.)

2) Hierfür spricht das *placuit* in fr. 1. §. 1. si ager vectigalis i. e. emphyteuticarius petatur (6. 3.) und das *convenit* in fr. 16. de servitutibus (8. 1.); denn diese Ausdrücke bezeichnen immer die Einführung eines Rechtssatzes durch die Doktrin. Vergl. von Buchholtz, juristische Abhandl. Königsberg 1833. Nro. 25. S. 317. Auch dürfte für die civilrechtliche Entstehung der actio in rem bei der Emphyteuse noch der Umstand angeführt werden, daß, während bei der Superficies ausdrücklich bemerkt wird, dieselbe habe nach Civilrecht keine dingliche Klage begründet, vielmehr habe erst der Prätor eine solche für dieselbe eingeführt, fr. 1. §. 1. de superficiebus (43. 18.), bei der Emphyteuse nirgends des prätorischen Ursprungs der dinglichen Klage Erwähnung geschieht, die doch hier gewiß eben so nahe gelegen hätte, als bei der Superficies.

dann wäre es, da der Emphyteuta das Veräußerungs-Recht hat, unbegreiflich, warum die von ihm bestellten Servituten nur tuitione praetoris bestehen sollen, da er doch in demselben Rechte muß veräußern können, in welchem er selbst berechtigt ist; die Bestellung der Servituten aber jedenfalls eine theilweise Veräußerung seines Rechtes enthält.

Endlich erklärt sich aber aus der angegebenen Natur der Emphyteuse auch, wie dieselbe auf der einen Seite für ein bloses jus in re erklärt, und so dem Eigenthume entgegengesetzt werden konnte, während sie doch auf der andern Seite, da wo von den jura als aus dem Eigenthume abgelösten und als selbstständige Rechtsobjekte gedachten Bestandtheilen, also von den Servituten, die Rede ist, auch wieder von diesen getrennt wird. Es ist nämlich die Emphyteuse, wie nachgewiesen, kein Eigenthum, sondern ein bloses *jus in re*, d. h. es ist doch der Emphyteuta unmittelbar und unabhängig von dem Besteller und demnach auch von jedem Dritten an der Sache berechtigt:

> *Ulpianus* libro XXXV. ad edictum.
>
> Si jus ἐμφυτευτικὸν (vel ἐμβατικὸν) habeat pupillus videamus an distrahi hoc a tutoribus possit? Et magis est non posse, *quamvis jus praedii potius sit.* 1)

aber es steht ihm doch vermöge seines Rechtes nichts E i g e n e s zu, was sich als selbstständiges, aus dem Eigenthume ausgeschiedenes Objekt seines Rechtes, als jus, im Sinne der Servituten darstellte; der unmittelbare Gegenstand seines Rechtes ist immer das fremde Grundstück, und demnach kann da, wo die Rechtsobjekte aufgeführt werden, die Emphyteuse nicht unter die jura im Sinne der Servituten gestellt werden, sondern es muß der ager vectigalis oder emphyteuticarius selbst genannt werden 2).

---

1) fr. 3. §. 4. de reb. eor. (27. 9.) cf. fr. 71. §. 5 u. 6. de leg. 1.

2) Tit. D. *si ager vectigalis i. e. emphyteuticarius petatur.* (6. 3.) fr. 16. §. 2. de pignorat. act. (13. 7.) fr. 5. §. 7. ut in possess. legat. (36. 4.)

Auf diese Weise hoffen wir die Natur der Emphyteuse vollständig entwickelt und den von uns aufgestellten Begriff derselben hinlänglich gerechtfertigt zu haben [1]). Ehe wir aber zur Superficies übergehen, müssen wir noch einige aus der vorstehenden Darstellung sich ergebende Folgesätze berühren, nämlich die Lösung der Frage über den Erwerb des Schatzes und über die Entstehung der Emphyteuse durch Ersitzung. Was die erste Frage betrifft, so müssen wir der Entscheidung Thibaut's [2]), daß nämlich der Emphyteuta den Theil des Schatzes, der dem dominus jure soli zufällt, nicht erwerbe, vollkommen beitreten, da eben der Emphyteuta nicht Eigenthümer ist, sondern nur die Ausübung des fremden Eigenthums hat, also auch nur das erwerben kann, was sich als Folge der Eigenthums-Ausübung, nicht aber was sich als Folge des Eigenthums selbst darstellt. Was dagegen die andere Frage anlangt, so müssen wir die Möglichkeit der Entstehung der Emphyteuse durch Ersitzung schlechthin leugnen. Die Ersitzung ist

1) Nach der von uns entwickelten Ansicht über die Natur der Emphyteuse dürfte auch das Institut schwerlich den Tadel verdienen, den Hufeland, Geist des Röm. Rechts. Bd. II. Abth. 2. S. 65. in der Art darüber ausspricht: „daß diese Lehre zuvörderst nicht zu der Klasse derjenigen gehören könne, die dem Römischen Rechte seinen eigenthümlichen Glanz geben, und es zum Musterbilde jedes wahrhaft anpassenden und ausgebildeten Rechts erheben. Einer solchen Ehre kann aber jene Lehre nicht theilhaftig seyn, da sie nicht aus der Natur des Verhältnisses herausgeht, sondern schlechthin als willkührlich festgesetzt anzuerkennen ist." Das Bedürfniß forderte — zunächst bei öffentlichen Ländereien — eine, ohne Veräußerung mögliche, freiere und unabhängigere Ueberlassung der Grundstücke zur vollständigen Benutzung, als diese in Folge der Pacht eintreten konnte, und diese Aufgabe dürfte durch das Institut der Emphyteuse gelös't worden seyn.

2) Civilistische Abhandl. Nro. 11. S. 267. Note 3. Der richtigen Ansicht Thibaut's sind auch die meisten neueren Rechtslehrer. Vergl. v. Wening-Ingenheim, Lehrbuch. Bd. I. §. 158. *Mühlenbruch*, doctr. pand. Vol. II. §. 299. Mackeldey, Lehrbuch. Bd. II. §. 296.

nämlich ein Erwerbungsgrund des Eigenthums [1]), und kann demnach auch nur da vorkommen, wo Jemand ein Eigenthum in Anspruch nimmt, einerlei, ob an einem corpus oder an einem jus (servitus); da aber, wo dem Berechtigten, selbst im Falle des vollständigen Erwerbes seines Rechtes, nichts Eigenes, weder ein corpus noch ein jus, gehört, wie dies bei dem Emphyteuta der Fall ist, da kann auch von der Begründung des Rechtes durch Ersitzung nicht die Rede seyn. Außerdem setzt aber die Ersitzung ihrem Begriffe nach, als Begründung eines Rechtes durch fortgesetzten Besitz, nothwendig einen Besitz des zu erwerbenden Rechtes voraus; denn was nicht besessen werden kann, das kann auch nicht ersessen werden [2]); nun gibt es aber keinen Besitz der Emphyteuse als solcher, der Emphyteuta hat keine juris possessio, sondern nur eine possessio corporis, und daher muß eine Ersitzung der Emphyteuse ganz aus denselben Gründen ausgeschlossen seyn, aus welchen die Ersitzung eines Pfandrechtes geleugnet wird [3]). Hiermit soll jedoch nicht in Abrede gestellt werden,

---

1) *Gajus* II. 65. *Ulpianus* Fragm. tit. XIX. §. 2. fr. 3. de usurpat. (41. 3.)

2) fr. 25. de usurpat. (41. 3.) *Licinius Rufinus* libro I. regularum. *Sine possessione usucapio contingere non potest.*

3) Vergl. meine Abhandlung über die Natur des Pfandrechtes. Nro. V. S. 51 folg. Auch beruht die Ansicht derjenigen Rechtslehrer, welche eine Begründung der Emphyteuse durch Ersitzung zulassen, lediglich auf der Ansicht, daß die Emphyteuse ein jus in re im Sinne der Servituten sey; vergl. Thibaut, über Besitz und Verjährung. §. 35. Syst. Bd. II. §. 1032. Mackeldey, Lehrbuch. §. 298. Note 6. Die Berufung dieser Rechtslehrer auf c. 14. C. de fundis patrim. (11. 61.) ist auch ganz unpassend; denn in dieser Constitution ist nur die Rede davon, daß der Besitzer eines emphyteutischen Grundstückes durch 40 Jahre hindurch fortgesetzten Besitz gegen die Eigenthumsklage gesichert seyn solle, nicht aber von dem Erwerbe des emphyteutischen Rechts durch 40jährigen Besitz, wie dies schon daraus erhellet, daß die erwerbende Verjährung durch 30 oder 40 Jahre hindurch fortgesetzten, nicht titulirten, aber doch bona fide erworbenen

daß die Emphyteuse dadurch begründet werden könne, daß Jemand längere Zeit hindurch sich als Emphyteuta gerire [1]; nur ist dies dann keine Ersitzung der Emphyteuse, sondern eine Begründung derselben durch stillschweigende Uebereinkunft, weßhalb auch dabei von den Erfordernissen der Ersitzung nicht die Rede seyn kann.

So wenig aber auf der einen Seite eine Ersitzung der Emphyteuse möglich ist, so wenig ist auch eine Ersitzung des Eigenthums von Seite des Emphyteuta, ohne daß wirklich ein auf Eigenthums-Erwerb gerichtetes Geschäft hinzugekommen ist, möglich; denn da zur Ersitzung des Eigenthums immer schon im Augenblicke des Besitzerwerbes bona fides, d. h. hier die Ueberzeugung des Besitzers, Eigenthümer geworden zu seyn, erforderlich ist, bei demjenigen aber, der als Emphyteuta den Besitz erwirbt, diese Ueberzeugung geradezu ausgeschlossen ist, so folgt hieraus mit Nothwendigkeit, daß eine Ersitzung des Eigenthums von Seite des Emphyteuta und dessen Erben nicht vorkommen könne; wie denn auch die usucapio, so wie der Erwerb des Eigenthums durch longi temporis possessio von Seite des Emphyteuta in den Quellen geradezu für unzulässig erklärt werden [2]). Aber auch die durch Justinian eingeführte 30- oder 40jährige Ersitzung ohne justus titulus kann

---

Besitz, erst durch Justinian in c. 8. §. 1. C. de praescript. 30 vel 40 ann. (7. 39.) eingeführt worden ist, mithin nicht schon von Anastas zur Anwendung gebracht werden konnte. Vergl. auch Unterholzner, Verjährungslehre. Bd. II. §. 239. *Mühlenbruch*, doctr. pand. Vol. II. §. 301.

1) Vergl. Mackeldey, Lehrbuch. Bd. II. §. 298.

2) fr. 12. §. 2. de Publ. act. (6. 2.) verbis: *In vectigalibus et in aliis praediis quae usucapi non possunt* . . . cftur. fr. 15. §. 26. de damno infecto (39. 2.). *Ulpianus* libro LIII. ad edictum. Si de vectigalibus aedibus non caveatur, mittendum in possessionem dicemus, nec jubendum possidere, (*nec enim dominium capere possidendo potest*) . . . . Anders wenn etwa die Stadt selbst die Caution verweigerte: §. 27. eod. *Sed in vectigali praedio si municipes non caverint, dicendum est, dominium per longum tempus acquiri.*

hier keine Anwendung leiden, sollte auch später, wie dies namentlich leicht bei dem Erben des Emphyteuta der Fall seyn kann, die anfänglich fehlende bona fides noch eintreten, und zwar aus dem ganz einfachen Grunde, weil es bei jeder Ersitzung zunächst auf das initium ankömmt [1]), später aber der Grundsatz entscheidet: nemo causam possessionis ipse sibi mutare potest [2]).

---

1) fr. 11. de div. temp. praescript. (44. 3.) *Papinianus* libro II. definitionum. Quum heres in jus omne defuncti succedit, ignoratione sua defuncti vitia non excludit, veluti cum sciens alienum illum ille, vel precario possedit; quamvis enim precarium heredem ignorantem non teneat, nec interdicto recte conveniatur, tamen usucapere non poterit, quod defunctus non potuit. Idem juris est, cum de longa possessione quaeritur, *neque enim recte defendetur, quam exordium rei bonae fidei ratio non tueatur.* cf. fr. 43. pr. de usurpat. (41. 3.) In diesen Stellen ist zwar nur von der usucapio und longi temporis possessio die Rede; allein bei der durch Justinian eingeführten 30- oder 40jährigen Ersitzung verhält es sich eben so, wie aus den Worten der c. 8. §. 1. h. t. (7. 39.): Quod si quis eam rem desierit possidere, cujus dominus vel is qui suppositam eam habebat, exceptione triginta annorum expulsus est, praedictum auxilium non indiscrete sed cum moderata divisione ei praestari censemus: *ut si quidem bona fide ab initio eam rem tenuerit, simili possit uti praesidio sin vero mala fide eam adeptus est, indignus eo videatur* . . . erhellet. Auch hier wäre demnach ein Fall vorhanden, wo noch eine Verjährung der Eigenthumsklage ohne Eigenthumserwerb vorkommen kann. Hat nämlich ein Nichteigenthümer wissentlich an dem fremden Grundstücke eine Emphyteuse bestellt, während der Emphyteuta ihn für den Eigenthümer hielt, so wird der Emphyteuta wegen seiner bona fides selbst nach kanonischem Rechte die Klage des Eigenthümers durch 30 oder 40 Jahre hindurch fortgesetzten Besitz ausschließen, obgleich das Eigenthum des letzteren bestehen bleibt, arg. c. 14. C. de fund. patrim. (11. 61.). Vergl. meine Abhandlung über die Natur des Pfandrechtes Nro. V. S. 59. Note 30.

2) fr. 19. §. 1. de acq. poss. (41. 2.) cf. fr. 3. §. 20. eod. fr. 33. §. 1. de usurpat. (41. 3.) fr. 2. §. 1. pro herede (41. 5.) fr. 1. §. 2. pro donato. (41. 6.) fr. 6. §. 3. de precario. (43. 26.)

Es bleiben uns demnach

IV. nur noch einige Bemerkungen über das mit der Emphyteuse rücksichtlich seiner inneren Natur genau verwandte Institut der Superficies übrig, über welche eben deshalb auch die Ansichten unserer Rechtslehrer eben so getheilt sind, wie über die der Emphyteuse, indem diejenigen, welche dem Emphyteuta ein dominium utile beilegen, ein solches um so mehr dem Superficiar einräumen, während Thibaut und die seiner Ansicht huldigenden Rechtslehrer, wie dem Emphyteuta, so auch dem Superficiar, nur ein jus in re nach Art der Servituten zuschreiben [1], welches sich von letzteren nur durch seinen größeren Umfang, indem es fast alle Eigenthumsrechte umfasse, unterscheide. Unsere Ansicht dagegen weicht auch hier eben so wie bei der Emphyteuse von beiden Theorien in der Art ab, daß wir auch die Superficies nur für ein jus in re, jedoch keineswegs nach Art der Servituten, sondern von letzteren seiner inneren Natur nach wesentlich sich unterscheidend, erkennen können, so daß uns die Superficies als das Recht erscheint, **das Eigenthum an einem auf fremdem Grund und Boden errichteten Gebäude [2]) vollständig und unabhängig vom Eigenthümer auszuüben.** Wir können also auch hier nicht zugeben, daß dem Superficiar aus dem Umfange des Eigenthums abgelös'te und nach ihrer

1) von Savigny, Besitz. S. 98. 289 u. 557. ist insofern theilweise abweichend, als er die Superficies als wirkliche, nur auf prätorischem Rechte sich gründende Servitut erklärt, und demnach auch bei derselben eine juris quasi possessio annimmt, während er bei der Emphyteuse dem Besitzer corporis possessio einräumt.

2) Ob die Superficies sich blos auf Gebäude beschränke, oder auch an etwas Anderem, mit dem Grund und Boden Verbundenen, Statt finde, ist freilich nicht unbestritten; indem mehrere Rechtslehrer, z. B. Thibaut, System. Bd. II. §. 626. und *Mühlenbruch*, doctr. pand. Vol. II. §. 302. den weiteren Begriff vertheidigen. Für die im Texte beibehaltene gewöhnliche Ansicht berufen wir uns hier nur auf von Buchholz, juristische Abhandlungen. Nro. 25. S. 309 — 311.

Ablösung als selbstständiges Rechtsobjekt in Betracht kommende Bestandtheile des Eigenthums zuständen, sondern behaupten vielmehr, daß auch hier das Eigenthum seinem inneren rechtlichen Umfange nach ein volles sey, und daß dem Superficiar nur das Recht zustehe, das fremde Eigenthum unabhängig vom Eigenthümer und sonach auch von jedem Dritten auszuüben.

So wie das Bedürfniß zunächst bei öffentlichen Ländereien des Staates und demnach auch bei denen der Städte und sonstiger Corporationen, und endlich selbst der Privaten auf eine, ohne Gefährdung des Eigenthümers mögliche, freiere und unabhängigere Ueberlassung der Grundstücke zur vollständigen Benutzung führte, als dies bei dem reinen Pachtverhältnisse der Fall gewesen wäre, so und aus demselben Grunde führte das Bedürfniß auch auf eine freiere und unabhängigere Ueberlassung der Gebäude zum Zwecke eines vollständigen Gebrauches, als dies durch die blose Vermiethung hätte geschehen können [1]), ja

1) Hiermit soll jedoch keineswegs gesagt werden, daß die Superficies als selbstständiges jus in re zuerst nur für die unabhängige Gebrauchs-Ueberlassung der Gebäude als solcher auf öffentlichem Grund und Boden eingeführt worden sey; denn wenn wir auch darin der Bemerkung v. Schröter's, in Linde's Zeitschrift Bd. II. Heft 2. S. 247. beitreten müssen, daß die Superficies auch in solo publico vorgekommen sey, fr. 32. de contrah. emt. (18. 1.) fr. 2. §. 17. ne quid in loco publ. (43. 8.) c. 1. C. de div. praed. urb. (11. 69.), so hatte doch der Prätor die actio in rem de superficie ursprünglich wohl nicht hierauf beschränkt, wie schon daraus vermuthet werden dürfte, daß zu der Zeit, als der Prätor die actio in rem de superficie einführte, — was jedenfalls erst im späteren Rechte geschah, wie aus der Darstellung Ulpian's in fr. 1. §. 1. de superficieb. (43. 18.) und aus dem *hodie* des *Paulus* in fr. 16. §. 16. §. 2. de pign. act. (13. 7.) erhellet, — das Institut der Emphyteuse auch schon bei Grundstücken der Privaten vorkam, und demnach auch der Prätor überall da, wo die Absicht der Contrahenten auf eine freiere und selbstständigere Ueberlassung der Gebäude, als diese in Folge der gewöhnlichen Miethe eintrat, gerichtet war, gleichmäßig die dingliche Klage versprach, wobei im Zweifel darauf gesehen wurde, ob die Miethe auf eine längere Zeit war abgeschlossen worden, fr. 73.

es scheint sogar, daß hier dieselbe Streitfrage, welche nach Obigem unter den Römischen Juristen über das der Ueberlassung der emphyteutischen Grundstücke zu Grunde liegende Rechtsgeschäft obwaltete, Statt gefunden habe; wenigstens dürfte dafür eine Aeußerung von **Ulpian** sprechen:

Ulpianus libro LXX. ad edictum.

Qui superficiem in alieno solo habet, civili actione subnixus est; nam si conduxit superficiem, ex conducto, si emit, ex emto agere cum domino soli potest. Etenim si ipse eum prohibeat, quod interest agendo consequetur; sin autem ab alio prohibeatur, praestare ei actiones suas debet dominus et cedere. Sed longe utilius visum est, *quia incertum erat, an locatio existeret* [1]),

---

§. 1. fr. 74 u. 75. de R. V. (6. 1.) fr. 1. §. 3. de superficieb. (43. 18.). Dagegen soll aber auch nicht geläugnet werden, daß an den auf einem ager vectigalis errichteten Gebäuden schon vor Einführung der actio in rem de superficie den Besitzern dasselbe Recht zugestanden habe, wie an dem ager vectigalis überhaupt, nur waren dies dann keine superficiariae aedes, sondern es waren vectigales aedes, d. h. der Besitzer war nicht blos an dem Gebäude als solchem, als gleichsam selbstständiger Sache, berechtigt, sondern er war als Besitzer des Grund und Bodens zugleich auch Besitzer des Gebäudes, fr. 23. de usurp. (41. 3.) und hatte daher auch die actio in rem vectigalis, nicht aber de superficie. fr. 15. §. 26. de damno infecto (39. 2.), und bei Besitzstörungen das interdictum uti possidetis, nicht aber das de superficiebus. In dem fr. 15. §. 26. cit. halten wir die Leseart: si de *vectigalibus aedibus* non caveatur, für richtig, obgleich nach **Gebauer** in einigen Manuscripten aedibus fehlt. Vergl. auch **von Buchholz**, juristische Abhandlungen. Nro. 25. S. 306. Note 2.

1) **Sintenis**, in der Uebersetzung des corpus juris in's Deutsche Bd. IV. S. 464. bezieht diese Worte auf den öfters nicht genau nachzuweisenden Ursprung der Superficies; allein dann hätte, abgesehen davon, daß sich nicht einsehen läßt, wie dies als Grund der Einführung einer dinglichen Klage für den Superficiar hätte angeführt werden können, **Ulpian** sich nicht so ausdrücken dürfen, wie er gethan hat, sondern er hätte etwa sagen

et quia melius est possidere potius, quam in personam experiri, hoc interdictum proponere et quasi in rem actionem polliceri [1]).

Daß der Superficiar kein dominium, auch kein dominium utile an der Superficies erhalte, mögte ihm dieselbe auch durch Verkauf eingeräumt worden seyn, verstand sich hier von selbst, weil schon nach allgemeinen Rechtsgrundsätzen ein abgesondertes Eigenthum an einer noch mit dem Grund und Boden verbundenen Sache nicht vorkommen kann, und daher auch nicht an einem mit dem Grund und Boden verbundenen Gebäude; es ist vielmehr der Eigenthümer des Grund und Bodens auch Eigenthümer des Gebäudes, aber nicht als einer selbstständigen Sache, sondern blos als einer accessio seines Grund und Bodens [2]), und er kann demnach selbst durch seinen Willen es nicht dahin bringen, daß ein Anderer Eigenthümer des auf seinem Grundstücke errichteten Gebäudes werde, und er Eigenthümer des Grundstückes bleibe:

Gajus libro XXV. ad edictum provinciale.

Superficiarias aedes appellamus, quae in conducto solo positae sunt, quarum proprietas et civili et naturali jure ejus est, cujus et solum [3]).

Demnach konnte die Ueberlassung des Gebäudes immer nur in der Art geschehen, daß die Ausübung des Eigenthums auf den, dem die Superficies war eingeräumt worden, als übergegangen betrachtet wurde, und zu diesem Behufe konnte man sich sowohl des Kaufes als auch der Miethe bedienen. Indessen gab hier die Römische Doktrin und Praxis dem Superficiar nicht eine utilis in rem actio, wie dies **Ulpian** in

---

müssen; quia incertum esse potest u. s. f.; so aber gibt er als Grund der Einführung der dinglichen Klage auch den an, daß es ungewiß gewesen sey, ob eine Miethe bestehe.

1) fr. 1. §. 1. de superficiebus. (43. 18.)

2) *Gajus* II. 73. §. 29 u. 30. J. de rer. div. (2. 1.) fr. 23. §. 6. de R. V. (6. 1.) fr. 50. ad leg. Aquil. (9. 2.) fr. 44. §. 1. O et A. (44. 7.)

3) fr. 2. de superficiebus. (43. 18.)

der oben angeführten Stelle ausdrücklich sagt, sondern er hatte nur eine persönliche Klage aus dem Kaufe oder der Miethe, wovon wohl der Grund darin lag, daß sich hier nicht, wie bei der Emphyteuse, ein selbstständiger Besitz der Superficies annehmen, und daher auch keine selbstständige actio in rem auf Verfolgung der Superficies als solcher einräumen ließ. Erst der Prätor half hier dadurch aus, daß er den Superficiar als selbstständigen Besitzer der Superficies zu behandeln und ihm demnach auch eine selbstständige, gleichsam auf Verfolgung der Superficies als selbstständiger Sache gerichtete Klage (quasi in rem actio) einzuräumen versprach, woraus dann Ulpian zu folgern scheint, daß auch gegen den Superficiar, weil dieser jetzt gleichsam als selbstständiger Besitzer der Superficies angesehen werde, dingliche Klagen angestellt werden könnten:

Ulpianus libro LXX. ad edictum.

Quia autem etiam in rem actio de superficie dabitur, petitori quoque in superficiem dari, et quasi usumfructum sive usum quendam inesse et constitui posse per utiles actiones credendum est [1]).

---

1) fr. 1. §. 6. de superficiebus (43. 18.). Wir haben diese Stelle im Texte in dem Sinne verstanden, welchen ihr Sintenis in der Uebersetzung des corpus juris in's Deutsche Bd. IV. S. 464. Note 55. unterstellt. Indessen sind die Ansichten über den Inhalt dieser Stelle sehr verschieden. Vielleicht will aber Ulpian in der angeführten Stelle nur sagen, daß, so wie dem Superficiar, wenn er aus dem Besitze gekommen sey, eine dingliche Klage gegen jeden Dritten gegeben werde (in rem actio de superficie), so müsse ihm auch eine Klage gegen den Besteller der Superficies auf Einräumung derselben (in superficiem) gegeben werden; wo also das „*petitori*“ auf den Superficiar sich beziehen, und die Ansicht derjenigen Rechtslehrer, welche zur Begründung der Superficies keine Tradition erfordern, eine Bestätigung erhalten würde. So viel ist wenigstens gewiß, daß Ulpian hier von der Bestellung der Superficies handelt, wie aus dem „constitui posse“ und aus der Fassung des §. 7: sed et tradi posse intelligendum est, ut et legari et donari possit, erhellet.

Daß nun der Superficiar durch die ihm vom Prätor ertheilte utilis oder quasi in rem actio nicht ein prätorisches Eigenthum, ein dominium utile in diesem Sinne erlangt habe, dagen streiten, außer der hier noch hinzutretenden Unmöglichkeit aus dem Verbundenseyn des Gebäudes mit dem fremden Grund und Boden, alle Gründe, welche oben gegen die Zulässigkeit eines dem Emphyteuta zustehenden dominium utile sind vorgebracht worden, insbesondere wieder der Umstand, daß auch hier das dingliche Recht des Superficiars durch ein Geschäft begründet werden kann, welches nicht auf eine Veräußerung, selbst nicht nach prätorischem Rechte, sondern nur auf Gebrauchsgestattung gerichtet ist, nämlich durch **Vermiethung** des Gebäudes; und daß diese als die gewöhnliche Entstehungsart der Superficies betrachtet wurde, geht nicht blos aus mehreren Stellen hervor [1]), sondern es spricht hierfür unwiderleglich, daß der Prätor das interdictum de superficiebus und die actio in rem zunächst an die lex locationis angeschlossen hatte:

Ulpianus libro LXX. ad edictum.

Ait praetor: *uti ex lege locationis sive conductionis superficie qua de agitur, nec vi, nec clam, nec precario alter ab altero fruemini*, quominus fruamini, vim fieri veto. *Si qua alia actio de superficie postulabitur, causa cognita dabo* [2]).

Quod ait praetor: *si qua alia actio de superficie postulabitur, causa cognita dabo*, sic intelligendum est, ut, si ad tempus quis superficiem conduxerit, negetur ei in rem actio. Et sane causa cognita ei qui non ad modicum tempus conduxit superficiem, in rem actio competet [3]).

Sonach kann es auch keinem Zweifel unterliegen, daß eine Superficies auch durch den contractus emphyteuticarius be-

1) fr. 2. de superf. (43. 18.) fr. 18. §. 4. de damno infecto (39. 2.) cf. fr. 74. de R. V. (6. 1.) fr. 39. §. 2. de damno inf. (39. 2.)

2) fr. 1. pr. de superficieb. (43. 8.)

3) fr. 1. §. 3. eod. (43. 18.)

gründet werden kann [1]), und der Streit, den man darüber geführt hat, ob eine Emphyteuse auch an einem Gebäude als solchem könne bestellt werden [2]), beruht nach unserer Ansicht blos auf dem Umstande, daß man, während da, wo von den Entstehungsgründen der Superficies gehandelt wird, auch die Möglichkeit der Begründung derselben durch den emphyteutischen Kontrakt, und demnach auch nach den Bedingungen dieses Kontraktes, anzuführen gewesen wäre, immer nur bei der Lehre von den Objekten der Emphyteuse gefragt hat, ob auch Gebäude als solche unter denselben aufzuführen seyen. Hierbei übersieht man den historischen Zusammenhang. Hätte man nämlich, schon ehe der Prätor für die Superficies eigene Rechtsmittel, namentlich eine eigene dingliche Klage einführte, und dadurch das Recht des Superficiars als besonderes jus in re begründete, auch Gebäude als solche für Gegenstände der Emphyteuse als eines schon im Civilrechte als dinglichen Rechtes anerkannten Institutes angesehen, so würde der Prätor gar nicht nöthig gehabt haben, für den Fall der unabhängigen Gebrauchs-Ueberlassung der Gebäude als solcher, eine eigene dingliche Klage einzuführen, da ja dann schon die civilrechtliche Klage hingereicht hätte. Gerade der Umstand aber, daß sich, wie schon oben bemerkt wurde, bei der Superficies nicht wie bei der Emphyteuse ein selbstständiger Besitz und demnach auch nicht eine auf Verfolgung der Superficies als selbstständiger Sache gerichtete Klage annehmen ließ, veranlaßte den Prätor auf seine Weise dem Bedürfnisse abzuhelfen, und sonach ist die unabhängige Gebrauchs-Ueberlassung eines Gebäudes als solche stets bei der Lehre von der Superficies als einem prätorischen Institute aufzuführen, mag der sie begründende Vertrag auch die Natur des Zeno'schen contractus emphyteuticarius

1) Nov. 7. c. 3. §. 1 u. 2. und Nov. 120. c. 1. §. 2.

2) Bejaht wird diese Frage z. B. von Thibaut, System. Bd. II. §. 630. von Wening-Ingenheim, Lehrb. Bd. I. §. 157. *Mühlenbruch*, doctr. pand. Vol. II. §. 298. von Buchholz, juristische Abhandl. Nro. 25. S. 306 - 309.

haben, indem hierdurch nicht die innere Natur des Rechtes verändert ist, sondern nur die Bedingungen, unter welchen es zustehen soll, anders gefaßt seyn können, als wenn dasselbe durch Kauf oder nach den allgemeinen Grundsätzen der Miethe ist überlassen worden; namentlich wird also der Besitz sich stets nach den Grundsätzen des Besitzes der Superficies richten, und daher auch zum Schutze desselben nicht das interdictum uti possidetis, sondern immer nur das interdictum de superficiebus, und zur Verfolgung der Superficies immer nur die prätorische actio de superficie zustehen.

Da nun der contractus emphyteuticarius so wenig wie die locatio auf Veräußerung, sondern immer nur auf die Ueberlassung des Gebrauches oder der Benutzung einer Sache gerichtet ist, so dient auch die Möglichkeit der Begründung des Rechtes an einer Superficies durch den emphyteutischen Kontrakt, zur Widerlegung der Ansicht, daß dem Superficiar ein dominium utile zustehe. Zwar kann die Superficies auch durch Kauf, Schenkung u. dgl. überlassen werden; allein dies sind nur andere Formen der Begründung des Rechtes, haben aber auf die Natur des Rechtes keinen Einfluß, da man auch die Benutzung einer Sache oder die blose Ausübung eines Rechtes verkaufen und verschenken kann, wie ja, so lange der Prätor dem Superficiar noch nicht den Besitz der Superficies und die dingliche Klage aus derselben eingeräumt hatte, selbst der Käufer einer Superficies immer nur eine persönliche Klage aus dem Kaufe gegen den Eigenthümer, auf Gewährung der freien Benutzung, nicht aber eine actio in rem hatte.

So wenig wir nun aber auf der einen Seite dem Superficiar ein dominium utile zuschreiben können, so wenig können wir ihm auch ein aus dem Umfange des Eigenthums ausgeschiedenes, fast alle Eigenthumsrechte umfassendes und nach seiner Ausscheidung als selbstständiges Rechtsobjekt (jus im Sinne der Servituten) erscheinendes jus in re zuerkennen, selbst nicht so, daß dieses jus hier zwar nicht nach Civilrecht (jure), aber doch nach prätorischem Rechte (tuitione praetoris) als ausgeschieden und bestehend in Betracht komme [1]; denn auch der Prätor erfordert zur Veräußerung selbst einzelner intellektueller Eigenthums-Befugnisse immer auch ein auf Veräußerung gerichtetes Geschäft, hätte also nicht an die locatio das dingliche Recht des Superficiars knüpfen können, hätte er dasselbe als aus dem Umfange des Eigenthums ausgeschiedenes selbstständiges Recht constituiren wollen. Auch enthielt die Superficies jedenfalls eine Nachbildung der Emphyteuse, und ist es uns gelungen bei dieser nachzuweisen, daß sie nicht ein aus dem Umfange des Eigenthums ausgeschiedenes Recht sey, so dürfte schon die Analogie der Emphyteuse hinlänglich dafür sprechen, daß auch die Superficies nur in dem Sinne ein jus in re sey, in welchem wir die Emphyteuse für ein solches erkannten, wonach also auch die Superficies nur insofern als jus in re erscheint, als dem Superficiar das vom Eigenthümer und jedem Dritten unabhängige Recht zusteht, das Eigenthum an dem fremden Gebäude unmittelbar auszuüben [2]. Auch fürchten wir hier nicht, daß man sich für die Natur der Superficies als eines jus in re im Sinne der Servituten etwa auf solche Stellen berufen werde, wo es von dem Superficiar heißt: *quasi dominus moratur* [3], oder von der Superficies: *quasi usumfructum vel usum quendam inesse* [4]; denn diese Ausdrücke beziehen sich nur auf sein unab-

---

1) Vergl. von Savigny, Besitz. S. 98. u. 557 — 559.

2) fr. 19. pr. de damno infecto. (39. 2.) *Gajus* ad edictum praetoris urbani, titulo de damno infecto. Eorum qui bona fide absunt, in stipulatione damni infecti jus non corrumpitur, sed reversis cavendi ex bono ex aequo potestas datur, *sive domini sint, sive aliquid in ea re jus habeant*, qualis est creditor et fructuarius et *superficiarius*.

3) fr. 3. §. 7. uti possidetis. (43. 17.)

4) fr. 1. §. 6. de superficiebus (43. 18.). Aehnlich verhält es sich mit dem Ausdrucke *servitus* in fr. 86. §. 4. de leg. 1; denn hier steht servitus überhaupt nur in dem Sinne, wo es eine Belästigung, eine Last des Grundstückes bezeichnet. Mit eben dem Rechte, mit welchem man aus solchen Ausdrücken auf Gleichstellung der Superficies mit der Servitus schließen wollte, würde

hängiges und unmittelbares Gebrauchsrecht an dem Gebäude, in welcher Beziehung der Superficiar allerdings dem Eigenthümer, Usufruktuar oder Usuar ähnlich ist, sich aber von diesen wesentlich dadurch unterscheidet, daß er nicht wie diese ein eigenes Recht zur Ausübung bringt, sondern immer nur ein fremdes, weßhalb es auch von ihm wieder heißt: *quasi inquilinus est* [1]); denn diesem ist er gerade in letzterer Beziehung, also insofern ähnlich, als er fremdes Eigenthum zur Ausübung bringt, während er sich von demselben, hinsichtlich seines unmittelbaren und unabhängigen Ausübungsrechtes, auf der andern Seite wieder wesentlich unterscheidet.

Ist nun die Superficies nicht ein, aus dem Eigenthume ausgeschiedene Bestandtheile, welche objektiv als selbstständiges Recht in Betracht kämen, umfassendes jus, so folgt von selbst, daß es bei der Superficies auch keine juris possessio geben könne; denn da wo es an dem Objekte fehlt, kann auch kein Besitz desselben vorkommen. Zwar nimmt von Savigny [2]) bei der Superficies eine juris quasi possessio an, aber blos aus dem Grunde, weil er die Superficies selbst als ein jus in re im Sinne der Servituten ansieht. Die Stellen aber, in welchen von Savigny eine solche quasi possessio juris finden will [3]), handeln blos von dem Besitze der Superficies, als einer gleichsam selbstständigen Sache, so daß man bei der Superficies von einer *quasi corporis possessio* reden könnte, gerade wie Ulpian die actio de superficie eine *quasi in*

man aus dem Ausdrucke Ulpian's in fr. 9. §. 4. de damno infecto (39. 1.): si *solum sit alterius, superficies alterius*, und dem: *quasi dominus moratur* in fr. 3. §. 7. uti possidetis. (43. 17.) mit Du Roi, Archiv. Bd. VI. S. 386 u. 387. auf ein Eigenthum des Superficiars schließen können.

1) fr. 3. §. 3. de operis novi nunciat. (39. 1.)

2) Besitz. §. 9. S. 98. §. 23. S. 289 — 293. §. 47. S. 557 — 559. Ihm folgen Roßhirt, im Archiv. Bd. VIII. Heft 1. §. 3. *Mühlenbruch*, doctr. pand. Vol. II. §. 302. Sintenis, in der Uebersetzung des corpus juris in's Deutsche. Bd. IV. S. 463.

3) fr. 3. §. 7. uti possidetis. (43. 17.)

rem actio [1]) nennt. Es ist nämlich, wie von Savigny [2]) sehr richtig bemerkt, an sich eine selbstständige possessio der Superficies so wenig möglich, als ein selbstständiges Eigenthum, und gerade hierin lag der Grund, weßhalb nicht schon im Civilrechte, wie bei der Emphyteuse, so auch bei der Superficies, Besitz und dingliche Klage war angenommen worden. Selbst für den Prätor war es unmöglich, die naturalis ratio abzuändern, und demnach mußte er auch den Besitzer des Grund und Bodens als Besitzer der Superficies anerkennen; allein er versprach doch den Superficiar so zu behandeln, als wenn er im selbstständigen Besitze des Gebäudes sich befände, und führte zu diesem Behufe das interdictum de superficiebus ein. Das interdictum uti possidetis konnte er ihm nicht geben, denn dieses setzt wirklichen Besitz voraus, und diesen hatte nur der Besitzer des Grund und Bodens, weßhalb dieser auch, wenn er mit dem interdictum uti possidetis gegen den superficiarischen Besitzer auftritt, im Interdikts-Verfahren potior seyn muß, d. h. der Richter muß ihm den Besitz, wie des Grundstückes, so auch des Gebäudes, zuerkennen, daneben aber doch den Superficiar in seinem unmittelbaren Verhältnisse zum Gebäude, und zwar ex lege locationis so schützen, als wäre er im selbstständigen Besitze desselben [3]); was dann in dieser Weise auch eintreten muß, wenn der Superficiar mit dem interdictum de superficiebus gegen den Besitzer des Grundstückes auftritt [4]).

---

1) fr. 1. §. 1. de superficieb. (43. 18.)

2) Besitz. §. 22. S. 260. §. 557 u. 558.

3) fr. 3. §. 7. uti possidetis. (43. 17.) *Ulpianus* libro LXIX. ad edictum .... Ceterum superficiarii proprio interdicto et actionibus a praetore utentur; *dominus autem soli tam adversus alium quam adversus superficiarium potior erit in interdicto uti possidetis, sed praetor superficiarium tuebitur secundum legem locationis.* Et ita Pomponius quoque probat. Eine theilweise abweichende Erklärung dieser Stelle gibt von Schröter, in Linde's Zeitschr. Bd. II. Heft 2. S. 249 — 254.

4) Gegen von Savigny, also für die corporis possessio des Superficiars haben sich erklärt: Du Roi, Archiv. Bd. VI.

Hiernach erklärt sich nun auch, wie dem Superficiar eine quasi oder auch utilis rei vindicatio zustehen soll [1]), was unmöglich wäre, wenn das unmittelbare Objekt seines Rechtes nicht das Gebäude selbst als gleichsam selbstständige Sache, sondern ein aus dem Eigenthume abgelös'tes jus wäre; es erklärt sich ferner, wie dem Superficiar alle dem Eigenthümer direkt zustehenden Klagen utiliter beigelegt werden können, namentlich utilis confessoria und negatoria [2]), utilis actio

S. 396. Huschke, in der Tübinger krit. Zeitschrift. Bd. II. S. 354. Unterholzner, Verjährungslehre. Bd. II. §. 237. S. 246. von Schröter, in Linde's Zeitschrift. Bd. II. Heft 2. S. 244 folg. von Buchholtz, Versuche. Nro. VIII. S. 83 folg., und Juristische Abhandl. Nro. 25. S. 321. Vergl. von Wening-Ingenheim, Lehrbuch. Bd. I. §. 109.

1) fr. 16. §. 2. de pignorat. act. (13. 7.) fr. 3. §. 3. de novi operis nunciat. (39. 1.) fr. 3. §. 7. uti possidetis. (43. 17.) fr. 1. §. 1. 3. 4 u. 6. de superficieb. (43. 18.) fr. 73. §. 1. fr. 74 u. 75. de rei vindicatione (6. 1.). Zwar wendet von Savigny, Besitz. §. 23. S. 292. Note 1. gegen Du Roi, der gerade wegen der im Titel de rei vindicatione vorkommenden Stellen die actio in rem de superficie für eine utilis rei vindicatio erklärt, ein, daß er hierin wohl zu weit gehe. Allein wenn wir auch von Du Roi darin abweichen, daß wir dem Superficiar kein Eigenthum beilegen, so glauben wir doch mit ihm, daß die Stellung der aus dem Titel de rei vindicatione angezogenen Fragmente auf die Natur der actio de superficie als einer utilis rei vindicatio schließen lasse. Jedenfalls aber beweis't die dem Superficiar auf Verfolgung der dem Gebäude zustehenden Servituten gestattete utilis confessoria, so wie die utilis negatoria auf Ableugnung der an dem Gebäude in Anspruch genommenen Servituten, daß die utilis in rem actio des Superficiars keine juris, sondern vielmehr eine rei vindicatio sey; denn wer die Sache nicht vindiciren kann, kann auch nicht solche Rechte, welche dem corpus selbst ankleben, in Anspruch nehmen. Hätte demnach der Superficiar nur eine juris vindicatio, so würde er auch nur wie der Usufruktuar sein jus vindiciren können, fr. 1. pr. fr. 5. si ususfr. pet. (7. 6.), nicht aber die dem Grundstücke zustehende Servitut selbst.

2) fr. 3. §. 3. de operis novi nunciat. (39. 1.). Gerade das Recht des Superficiars mit der utilis confessoria oder negatoria auf-

communi dividundo [1]) und familiae herciscundae [2]) und operis novi nunciatio [3]); denn er hat das Recht der unmittelbaren und unabhängigen Ausübung des Eigenthums an dem fremden Gebäude, wie der Emphyteuta die unmittelbare und unabhängige Ausübung des Eigenthums an fremdem Grund und Boden hat. Auch ist die utilis rei vindicatio des Superficiars wieder eine selbstständige, an sein superficiarisches Recht geknüpfte Klage, nicht aber eine Eigenthumsklage, weder aus dem Eigenthume des die Superficies constituirenden Eigenthümers des Grundstückes, noch aus dem Eigenthume des Superficiars; und deshalb hat er auch wegen seiner eigenen bonae fidei possessio wieder die Publiciana in rem actio [4]), die hier auf demselben Gesichtspunkte beruht, wie die des emphyteuta. So wie wir ferner die Möglichkeit der Begründung der Emphyteuse durch Ersitzung geleugnet halten, so und aus denselben Gründen müssen wir auch die Begründung der Superficies durch Ersitzung leugnen. Unpassend ist es indessen, wenn man sich für die Unzulässigkeit der Ersitzung, als Entstehungsgrund der Superficies, auf solche Stellen beruft [5]), worin gesagt wird, eine Superficies könne durch usucapio oder longi temporis possessio nicht erworben werden [6]); denn diese Stellen

---

treten zu können, liefert auch wieder den deutlichsten Beweis für seine corporis possessio. Vergl. die Note 2. auf S. 45—46.

1) fr. 10. pr. fam. hercisc. (10. 2.)

2) fr. 1. §. 8. de superficieb. (43. 18.)

3) fr. 3. §. 3. de operis novi nunciat. (39. 1.)

4) fr. 12. §. 3. de Publ. act. (6. 2.)

5) von Buchholtz, juristische Abhandlungen. Nro. 25. S. 321. Mackeldey, Lehrbuch. Bd. II. §. 302.

6) fr. 12. §. 2 u. 3. de Publ. act. (6. 2.) *Paulus* libro XIX. ad edictum. In vectigalibus et in aliis *praediis quae usucapi non possunt*, Publiciana competit, si forte bona fide mihi tradita sunt. *Idem est et si superficiariam insulam a non domino bona fide emero.*

fr. 26. de usurp. (41. 3.) *Ulpianus* libro XXIV. ad Sabinum. *Nunquam superficies sine solo capi longo tempore potest.*

handeln nur von der Möglichkeit des Eigenthums-Erwerbs an der Superficies durch fortgesetzten Besitz [1]). Ueber die Ausschließung der Ersitzung als Entstehungsgrund der Superficies als jus in re finden sich aber eben so wenig Stellen, als über die Ausschließung derselben bei der Emphyteuse und dem Pfandrechte, und zwar aus dem ganz einfachen Grunde, weil es hier an einem Gegenstande der Ersitzung, nämlich an einem von dem Eigenthume losgetrennten, als selbstständiges Objekt des Eigenthums-Erwerbs in Betracht kommenden *jus*, und demnach auch an der anderen nothwendigen Bedingung derselben, dem Besitze dieses *jus*, gebrach, weßhalb es hier ganz an der Veranlassung fehlte, von der Ersitzung dieser Rechte zu handeln, während dagegen, wegen des bei diesen Rechten vorkommenden Besitzes der körperlichen Sache, die Bemerkung, daß dieser Besitz doch nicht zur Usucapion der Sache führe, sehr nahe lag, und eben deshalb auch wiederholt gemacht wird [2]).

Durch die vorstehenden Bemerkungen hoffen wir unsere Ansicht über die verschiedenartige Natur der einzelnen jura in re (aliena) hinlänglich entwickelt zu haben; doch dürfte es, ehe wir zur Darstellung der über die Verpfändung derselben geltenden Grundsätze übergehen, passend seyn, die gewonnenen Resultate zu einer leichteren Uebersicht kurz zusammen zu fassen. Hiernach wäre das gemeinschaftliche Merkmal aller s. g. jura in re aliena, daß Jemand unmittelbar, d. h. hier unabhängig von dem Eigenthümer und jedem Dritten, in Beziehung auf eine Sache, berechtigt ist, während sie rücksichtlich des Umfanges und der inneren Natur dieser Berechtigung sich wesentlich von einander unterscheiden. Zunächst nämlich läßt sich die servitus allen übrigen jura in re in der Art entgegensetzen, daß nur sie sich, als aus dem intellektuellen Umfange des Eigen-

1) *Mühlenbruch*, doctr. pand. Vol. II. §. 301. nota 10.

2) fr. 13. pr. de usurpat. (41. 3.) fr. 11. de divers. temp. praescr. (44. 3.) c. 10 u. 12. C. de pignorat. act. (4. 24.) — fr. 12. §. 2 u. 3. de Publ. act. (6. 2.) fr. 15. §. 26. de damno infecto. (39. 2.) fr. 26. cfr. fr. 39. de usurp. (41. 3.)

thums ausgeschiedenes und ein selbstständiges Rechtsobjekt bildendes jus, darstellt, bei welchem daher auch allein quasi possessio, quasi dominium und vindicatio juris, so wie Erwerb durch fortgesetzten Besitz vorkömmt. Während also hier nicht die körperliche Sache selbst den unmittelbaren Gegenstand des Rechtes ausmacht, sondern vielmehr das aus dem Umfange des Eigenthums ausgeschiedene jus, verhält sich dies bei allen übrigen jura in re ganz anders; denn bei diesen ist immer die körperliche Sache selbst unmittelbares Objekt des Rechtes, und demnach findet sich auch bei diesen weder juris possessio, noch juris dominium, noch juris vindicatio, und daher auch kein Erwerb des Rechtes durch fortgesetzten Besitz, sondern immer nur corporis possessio und corporis vindicatio, zum Behufe der unabhängigen Ausübung des fremden Eigenthums. Unter diesen zeichnet sich dann das Pfandrecht wieder insofern aus, daß dieses, auf dem Gesichtspunkte der obligatio rei beruhend, dem Gläubiger zunächst keine weiteren Rechte an der Sache gibt, als daß ihm diese für seine Forderung in der Art haftet, daß er zum Zwecke seiner Sicherheit mit einer utilis rei vindicatio den Besitz der Sache von jedem dritten Besitzer sich verschaffen und die Sache zum Zwecke seiner endlichen Befriedigung veräußern darf; in welcher letzteren Beziehung er jedoch, so weit er hier nicht sein Recht, also nicht sein Pfandrecht, sondern vielmehr das fremde Eigenthum veräußert, immer nur als Prokurator des Verpfänders handelt. Dagegen stehen Emphyteuse und Superficies sich insofern gleich, als sie einmal nicht wie das Pfandrecht accessorische Rechte sind, sodann aber auch dem Berechtigten immer die volle und unabhängige Ausübung des Eigenthums an der ihr Objekt bildenden fremden Sache gewähren, unterscheiden sich aber, auf ihre innere Natur gesehen, gerade durch die Verschiedenheit ihres Objekts; denn während dies bei der Emphyteuse in einem Grundstücke besteht, an welchem die possessio des emphyteuta die des Eigenthümers ausschließt 1),

1) Wenigstens die possessio ad interdicta; ob auch die ad usu-

besteht dasselbe bei der Superficies in einem auf fremdem Grund und Boden errichteten Gebäude, an welchem eben eine selbstständige possessio nicht möglich ist, weßhalb hier der Besitzer des Grund und Bodens auch an sich immer noch im Besitze des Gebäudes sich befindet, nur daß der Prätor den Superficiar so behandelt, als befinde er sich gleichsam im selbstständigen Besitze des Gebäudes, und ihm aus diesem Gesichtspunkte auch eine auf Verfolgung der Superficies als gleichsam selbstständiger Sache gerichtete quasi oder utilis rei vindicatio gestattet, während die utilis rei vindicatio des Emphyteuta schon im Civilrechte gegründet ist [1].

Die bisherige Untersuchung über die verschiedene Natur der einzelnen jura in re dürfte uns nun die folgende Untersuchung über die Wirkungen der Verpfändung eines solchen Rechtes bedeutend erleichtert haben; ja es muß die folgende Lehre selbst wieder zum Prüfstein unserer bisherigen Resultate dienen, und auf diese Weise deren Richtigkeit bestätigen.

Es wurde schon wiederholt bemerkt, daß das Pfandrecht von den übrigen jura in re sich auch namentlich in der Hinsicht unterscheide, daß dasselbe nicht blos an körperlichen, sondern auch an unkörperlichen Sachen, namentlich an Rechten, bestellt werden könne, jedoch blos insoweit als diese sich als Objekte des Vermögens im engeren Sinne darstellen, und demnach dem Gläubiger eine Sicherheit gewähren können [2].

---

capionem, ist zweifelhaft. Vergl. von Buchholz, Versuche. Nro. VIII. S. 82.

1) Ueber sonstige Verschiedenheiten zwischen Emphyteuse und Superficies vergl. man von Buchholz, juristische Abhandl. Nro. 25. S. 305 – 322.

2) fr. 1. §. 1. 2. quae res pignori. (20. 3.) *Marcianus* libro singulari ad formulam hypothecariam. Eam rem, quam quis emere non potest, quia commercium ejus non est, jure pignoris accipere non potest. cf. fr. 24. de pignorib. (20. 1.) *Modestinus* libro V. regularum. In quorum finibus emere quis prohibetur, pignus accipere non prohibetur. Westphal,

Anerkannt ist die Verpfändung von Forderungsrechten [1]) und Servituten [2]); aber auch der Pfandgläubiger selbst soll ein Afterpfand bestellen können [3]), und ebenso finden wir auch die Befugniß zu verpfänden bei dem Emphyteuta [4]) und Superficiar [5]) angeführt. Im Allgemeinen ist von den angegebenen Begründungsarten des Pfandrechtes zunächst so viel zu bemerken, daß sie alle erst auf späterer Erweiterung des dem Pfandrechte ursprünglich zu Grunde liegenden Gesichtspunktes, wonach ein Pfandrecht nur

---

Pfandrecht. §. 59, bezieht diese Stelle auf die Bedienten der Provinz-Vorsteher, welche nach fr. 62. pr. de contrah. emt. (18. 1.) in der Provinz keine Grundstücke hätten kaufen, aber doch nach fr. 34. de reb. cred. (12. 1.) Geld ausleihen und sich daher auch zur Sicherheit Grundstücke verpfänden lassen können. Schon Bartolus versteht aber diese Stelle ganz allgemein von den Fällen, wo Jemand blos persönlich nicht fähig ist, das Eigenthum einer Sache zu erwerben, während es an der Commerzfähigkeit der Sache nicht gebricht; wonach also die objektive Unfähigkeit, das Eigenthum einer Sache zu erwerben, die Möglichkeit des Erwerbes eines Pfandrechtes nicht ausschließen würde, während natürlich da, wo die Sache selbst nicht in commercio ist, auch die Verpfändung ausgeschlossen seyn muß. Vergl. Schweppe, Handbuch. Bd. II. §. 329.

1) fr. 11. §. 2 u. 3. fr. 12. de pign. (20. 1.) fr. 15. pr. eod. fr. 11. §. 3. qui potiores. (20. 4.) c. 1. C. si pignus pignori. (8. 24.)

2) fr. 20. de pign. (20. 1.) fr. 15. §. 8 u. 9. de re jud. (42. 1.) c. 7. C. de hered. vel act. vend. (4. 39.) c. 4. C. quae res pignori (8. 17.). Vergl. hierüber Gesterding, über die Schuldverbindlichkeit als Objekt des Pfandrechts. Greifswald 1812, und in der Lehre vom Pfandrechte S. 76 — 78. *Gaupp*, de nominis pignore. Berol. 1820. *Huschke*, de pignore nominis. Götting. 1820. Mühlenbruch, Cession. 2te Aufl. S. 183. Pfeiffer, prakt. Ausführ. Bd. I. Nro. 1.

3) fr. 40. §. 2. de pignorat. act. (13. 7.) fr. 13. §. 2. de pign. (20. 1). fr. 33. §. 4 — 6. de usurpat. (41. 3.) fr. 14. §. 8. de divers. temp. praescript. (44. 3.). *Tit. C. si pignus pignori datum sit.* (8. 24.)

4) fr. 16. §. 2. de pignorat. act. (13. 7.) fr. 31. de pignorib. (20. 1.)

5) fr. 16. §. 2. cit. fr. 15. qui potiores. (20. 4.)

an körperlichen Sachen, und zwar nur vom Eigenthümer bestellt werden konnte, beruhen [1]), weßhalb auch die Klage des Pfandgläubigers sich hier immer nur als eine utilis Serviana, in dem von uns, nach von Löhr [2]), entwickelten Sinne [3]), darstellt. Im Uebrigen aber sind die Ansichten unserer Rechtslehrer, was die Wirkungen der Verpfändung, wenigstens der einzelnen jura in re, die uns hier allein beschäftigen, betrifft, sehr verschieden, wovon, abgesehen von den sich bei dieser Lehre darbietenden inneren Schwierigkeiten, wie schon bemerkt wurde, der besondere Grund in den verschiedenen Ansichten unserer Rechtslehrer über die einzelnen jura in re selbst liegt. Wir halten es nun wieder für das Passendste bei der Entwickelung der hier geltenden Grundsätze, die Wirkungen der Verpfändung jedes einzelnen jus in re abgesondert zu betrachten, und wenden uns daher:

I. zur Verpfändung der Servituten. Eine Verpfändung einer Servitut läßt sich im Allgemeinen in doppelter Weise denken, nämlich entweder so, daß der Eigenthümer zur Sicherung einer Forderung dem Gläubiger eine Servitut an seiner Sache pfandweise einräumt, oder so, daß eine schon bestehende Servitut von dem Inhaber verpfändet wird; und wirklich finden wir auch beide Arten der Bestellung eines Pfand-

---

1) Deßhalb heißt es von der Verpfändung der Servituten: „*ususfructus* an possit *pignori hypothecaeve dari, quaesitum est.*" fr. 11. §. 2. de pign. (20. 1.), und von der pfandweisen Einräumung einer *servitus rustica*: „*propter utilitatem contrahentium admittenda est.*" fr. 12. eod.; von der Bestellung eines Afterpfandes: „*Cum pignori rem pignoratam accipi posse placuerit.*" fr. 13. §. 1. de pign. (20. 1.) cf. c. 1. C. si pignus pignori (8. 24.). Ebenso da, wo der Emphyteuta das emphyteutische Grundstück verpfändet hatte: „*Quaesitum est an recte pignori datus esset?*" Vergl. Hepp, Archiv. Bd. XIII. Heft 3. S. 343.

2) In seinem und von Grolman's Magazin für Rechtswissenschaft und Gesetzgebung. Bd. III. Heft 1. Nro. IV. S. 139.

3) Meine Abhandlung über die Natur des Pfandrechtes. Nro. IX. S. 116 u. 117.

rechtes an einer Servitut in unseren Quellen zugelassen [1]. Da jedoch die Wirkungen der Verpfändung in beiden Fällen verschieden seyn dürften, sollen beide Fälle abgesondert betrachtet werden. Was demnach:

A) die pfandweise Einräumung einer Servitut von Seite des Eigenthümers der dienenden Sache betrifft, so hat diese, mag eine servitus praedii oder personae verpfändet werden, insofern immer etwas Singuläres, als hier vor der Verpfändung das zu verpfändende Objekt, wenigstens als etwas Selbstständiges, noch gar nicht bestand [2], indem die, die pfandweise eingeräumte Servitut bildenden, Befugnisse, vor ihrer Verpfändung bei dem Eigenthümer nicht als selbstständiges Recht neben dem Eigenthume bestanden, sondern nur Ausflüsse seines Eigenthums bildeten, da eben Niemand an seiner eigenen Sache eine Servitut haben kann [3]. Gesterding [4] nimmt nun an, daß im Augenblicke der Verpfändung auch die das Pfandrecht bildende Servitut constituirt werde, während Hepp [5], Gesterding's Annahme tadelnd, behauptet, daß die Constituirung der Servitut nothwendig der Verpfändung vorausgehen müsse, weil ein Pfandrecht ohne Gegenstand undenkbar sey. Man hat aber hierbei die Frage unberücksichtigt gelassen: wem die zum Zwecke der Verpfändung und als Objekt des Pfandrechts constituirte Servitut zustehe, dem verpfändenden Eigenthümer oder dem Pfandgläubiger? Jenem kann sie als Servitut nicht zustehen, einmal wegen des Satzes:

---

1) fr. 11. §. 2. de pignorib. (20 1.). *Marcianus* libro singulari ad formulam hypothecariam. *Ususfructus* an possit pignori hypothecaeve dari? quaesitum est, sive *dominus proprietatis* convenit, sive *ille qui solum usumfructum habet.* Et scribit *Papinianus: tuendum creditorem.* cf. fr. 12. eod.

2) Gesterding, Pfandrecht. S. 70.

3) fr. 5. pr. si usufr. pet. (7. 6.) fr. 26. de servit. praed. urb (8. 2.) fr. 33. §. 1. de servit. praed. rust. (8. 3.) fr. 10. comm. praed. (8. 4.) fr. 23. de jure dot. (23. 3)

4) Pfandrecht. S. 70 u. 71.

5) Archiv. Bd. XV. Heft 1. Nro. IV. S. 83 u. 84.

nemini res sua servit, sodann aber auch, weil man sonst, bei der pfandweisen Einräumung einer servitus praedii, auf Seite des Verpfänders neben dem praedium serviens zugleich ein anderes praedium, welches nach der pfandweisen Constituirung der Servitut als praedium dominans erscheine, voraussetzen müßte, wo dann aber wieder die Verpfändung geradezu unmöglich wäre, weil eben eine servitus praedii ohne das praedium dominans, also selbstständig, weder dem Rechte noch der Ausübung nach einem Anderen eingeräumt werden kann [1]); bei der pfandweisen Einräumung einer servitus personae aber würde man dann die servitus als an die physische Existenz des Verpfänders geknüpft, und demnach durch das Fortleben des letzteren bedingt betrachten müssen, so daß nun die Verpfändung hier, abgesehen davon, daß durch dieselbe für die Person des Eigenthümers eine Servitut an seiner eigenen Sache begründet würde, ganz dieselben Folgen herbeiführen würde, welche durch die Verpfändung einer servitus personae von Seite des Servitut-Berechtigten herbeigeführt werden, wonach dann auch das Pfandrecht mit dem Tode des Verpfänders erlöschen würde, was doch keiner von beiden Rechtslehrern behauptet; so wie man denn überhaupt nicht behauptet hat, daß die vom Eigenthümer an seiner Sache pfandweise eingeräumte Servitut als Servitut bei dem Verpfänder selbst bestehe; man hat sich vielmehr die Servitut als bei dem Pfandgläubiger bestehend gedacht, so daß der Pfandgläubiger zugleich Servitut-Berechtigter wäre, wobei man eine Anomalie nur insofern fand, als die pfandweise Bestellung einer servitus dem Grundsatze: servitus ad tempus constitui nequit [2])

1) fr. 16. de servit. (8. 1.) fr. 44. locati. (19. 2.) fr. 33. §. 1. de servit. praed. rust. (8. 3.)

2) fr. 4. de servitutibus (8. 1.). *Papinianus* libro VII. quaestionum. Servitutes ipso quidem jure neque ex tempore neque ad tempus, neque sub conditione, neque ad certam conditionem, verbi gratia: *quam diu volam*, constitui possunt. Sed tamen si haec adjiciantur, per pacti vel per doli exceptionem occur-

zuwider laufe [1]), da hier die Servitut mit der Abtragung der Pfandschuld hinwegfalle, während von Buchholtz [2]) eine weitere Anomalie noch darin findet, daß eine pfandweise eingeräumte Servitut, da sie von dem Pfandgläubiger veräußert

---

retur contra placita servitutem vindicanti, idque et *Sabinum* respondisse *Cassius* retulit, et sibi placere.

1) Hepp, Archiv. Bd. XV. Heft 1. S. 83. Wenn übrigens Hepp die Sache so darstellt, als hätten schon die Römischen Juristen die Anomalie der pfandweise bestellten Servitut darin gefunden, daß hier eine servitus ad tempus constituta vorhanden wäre, so ist dies unrichtig, da sich hiervon nirgends eine Andeutung findet; denn in der Bemerkung des *Paulus* in fr. 12. de pign. (20. 1.), daß eine pfandweise Einräumung einer servitus rustica „propter utilitatem contrahentium" zugelassen sey, ist doch wohl eine solche Andeutug nicht enthalten. Demnach verdient auch Gesterding den ihm gemachten Vorwurf, daß er glaube, das Anomale einer servitus pignoris jure constituta besser eingesehen zu haben, als die Römischen Juristen, nicht; denn Gesterding sagt nur: „Die Rechtsgelehrten finden es (das Anomale) blos darin, daß der Grundsatz: servitus ad tempus constitui nequit, verletzt werde," und bezieht sich hierfür auf *Vinnius*, select. quaest. lib. I. c. 32. und *Perez*, prael. in C. lib. 8. tit. 17. Nro. 10. Diese aber, da sie die servitus selbst in der Person des Gläubigers begründet halten, finden die Anomalie gerade in der Verletzung jenes Grundsatzes, wofür sie sich aber nur auf das fr. 4. de servit. (8. 1.) berufen. Uebrigens ist auch das unpassend, was diese Juristen aus dem fr. 4. cit. weiter folgern, daß nämlich die servitus pignori constituta nicht ipso jure, sondern nur tuitione praetoris bestehe; denn aus dem fr. 4. cit. würde nur folgen, daß mit Abtragung der Pfandschuld die servitus nicht ipso jure, sondern nur ope exceptionis erlösche. Die servitus selbst ist aber weder nach Civil- noch nach prätorischem Rechte in der Person des Gläubigers begründet, sondern ihm nur verpfändet. Das Pfandrecht ist dann als dingliches Recht freilich prätorischen Ursprungs, allein damit ist nicht gesagt, daß der Pfandgläubiger prätorischer Servitut-Berechtigter sey, sonst müßte man ihn da, wo ihm eine Sache ist verpfändet worden, auch für den prätorischen Eigenthümer halten.

2) Versuche. Nro. XIV. S. 159 — 161. Vergl. oben S. 12.

werden könne, der Unveräußerlichkeit der Servituten widerstrebe, oder vielmehr, wegen der Möglichkeit der Veräußerung der Servitut durch den Pfandgläubiger, die Unveräußerlichkeit für kein wesentliches Merkmal der Servituten erkennen will. Allein das Anomale würde hier darin liegen, daß ein Pfandrecht eine Servitut, oder eine Servitut ein Pfandrecht wäre, mit andern Worten, daß hier ein pignus in re propria im eigentlichen Sinne bestände, wo aber auch die res propria wieder durch das Pfandrecht, welches dem quasi dominus an derselben zustände, bedingt wäre [1]). Es scheint uns aber, daß

1) Wenigstens insofern als mit der Abtragung der Pfandschuld das Pfandrecht und damit auch die servitus in der Person des Gläubigers aufhören müßte; denn rücksichtlich der Veräußerung im Falle der Nichtbefriedigung denkt man sich die Servitut in der Person des Gläubigers fortbestehend, und nur der Ausübung nach auf den Käufer übergegangen, wodurch man zur Annahme einer weiteren Anomalie des Pfandrechtes an einer servitus pignoris jure constituta genöthigt wird, daß nämlich hier die Veräußerung entweder das Pfandrecht nicht aufhebe, oder daß im Falle der Nichtbefriedigung die Servitut dem Gläubiger in der Art verfalle, daß, wenn er zur Veräußerung schreite, nun zwar das Pfandrecht aufhöre, und die Servitut insofern dem Gläubiger dem Rechte nach unbeschränkt zustehe, der Käufer aber das exercitium servitutis habe; wodurch dann bei der servitus praedii wieder der Grundsatz, daß eine solche weder dem Rechte noch der Ausübung nach von dem herrschenden Grundstücke getrennt werden könne, verletzt wäre. Diese Anomalie, welche, wenn man sich die Servitut in der Person des Gläubigers begründet denkt, in der Veräußerung derselben liegen würde, hat auch Gesterding, Pfandrecht S. 71, wenigstens bei dem ususfructus pignoris jure constitutus eingesehen, und leugnet deshalb die Möglichkeit der Veräußerung desselben überhaupt. Was Hepp im Arch. Bd. XV. S. 84. dagegen bemerkt, daß hier die Veräußerung in der Ueberlassung der Ausübung des Usufrukts bestehe, während der Usufrukt selbst als jus personalissimum in der Person des Gläubigers bis zu dessen Tod fortbestehe, enthält eine petitio principii; denn darüber fragt es sich eben, wie der Nießbrauch, der dem Gläubiger zum Zwecke seiner Sicherheit und endlichen Befriedigung ist eingeräumt worden,

man bei der Annahme: die pfandweise eingeräumte Servitut stehe dem Rechte nach dem Pfandgläubiger zu, die Natur des Pfandrechtes verkannt habe. Nach der von uns entwickelten Natur des Pfandrechtes gehört nämlich dem Pfandgläubiger niemals das ihm verpfändete Objekt, auch nicht etwa bestimmte intellektuelle, aus dem Umfange des verpfändeten Rechtes abgelös'te Bestandtheile, sondern das verpfändete Objekt ist ihm immer nur in der Art verhaftet, daß er zum Zwecke seiner Sicherheit sich in den Besitz desselben setzen und es, um zu seiner endlichen Befriedigung zu gelangen, veräußern kann. So wenig daher der Pfandgläubiger, da wo ihm vom Eigenthümer eine Sache ist verpfändet worden, Eigenthümer der letzteren wird, so wenig kann auch der Pfandgläubiger, da wo ihm nur bestimmte intellektuelle Befugnisse aus dem Eigenthume sind verpfändet worden, diese Befugnisse dem Rechte nach als seine Befugnisse in Anspruch nehmen; er kann also, da wo ihm vom Eigenthümer einer Sache eine Servitut pfandweise ist eingeräumt worden, nicht selbst als Servitut-Berechtigter in Betracht kommen [1]), sondern befindet sich vielmehr, so wie er da, wo ihm eine körperliche Sache vom Eigenthümer ist verpfändet worden, wenn ihm diese als pignus eingeräumt worden ist, nur in dem Besitze sich befindet, oder bei der blosen hypotheca doch das Recht hat, sich in den Besitz des verpfändeten Gegenstandes zu setzen, so auch da, wo ihm eine servitus als pignus ist eingeräumt worden, nur in quasi possessione derselben, oder hat da, wo die Verpfändung ohne Besitz-Ueberlassung, also durch das blose pactum hypothecae erfolgt ist, das Recht, sich mit der actio hypothecaria, die sich hier als utilis confessoria darstellt, in die Ausübung der Servitut zu versetzen. So wie ferner der Pfandgläubiger, da wo ihm von dem Eigenthümer eine körperliche Sache ist verpfändet

---

noch nach der, vom Gläubiger zum Zwecke seiner Befriedigung vorgenommenen Veräußerung, in seiner Person fortdauern könne.

1) Selbst nicht nach prätorischem Rechte, da auch der Gläubiger, dem eine Sache ist verpfändet worden, kein prätorisches Eigenthum hat; vergl. S. 76. Note 1.

worden, das Recht hat, diese, im Falle die Pfandschuld nicht zur bestimmten Zeit abgetragen wird, mit der Wirkung zu veräußern, daß das Eigenthum auf den Käufer übergeht, so kann er auch da, wo ihm eine servitus an einer Sache pfandweise ist eingeräumt worden, das Recht haben, die servitus selbst mit der Wirkung zu veräußern, daß dieselbe dem Rechte nach dem Käufer erworben wird, gerade so, als hätte der Eigenthümer sie demselben bestellt: quia quod creditor egit pro eo habendum est, ac si debitor per procuratorem egisset [1]).

Hiernach wird also die pfandweise constituirte Servitut dem Rechte nach, also als wirkliche Servitut, erst bei dem Käufer begründet, und muß sich demnach auch, insbesondere was ihre Dauer betrifft, ganz nach der Person des Käufers, als wirklichen Servitut-Berechtigten, richten. Vor der Veräußerung von Seite des Pfandgläubigers besteht daher die Servitut eigentlich noch gar nicht, weder bei dem Verpfänder, noch bei dem Pfandgläubiger, vielmehr sind letzterem bei der hypothekarischen Bestellung zunächst nur bestimmte Befugnisse aus dem Umfange des Eigenthums des Verpfänders angewiesen, in deren Quasi-Besitz er sich soll setzen und dieselben zum Zwecke seiner Befriedigung als wirkliche Servitut veräußern können, woran durch die als pignus im engeren Sinne geschehene Einräumung nur so viel geändert wird, daß hier die quasi possessio jener Befugnisse dem Gläubiger sofort eingeräumt ist, während diese Befugnisse selbst, hier wie dort, dem Rechte nach noch in dem Umfange des Eigenthums liegen, aber freilich nicht als Servitut, sondern als intellektuelle Bestandtheile des Eigenthums selbst, nur daß sie als mögliche Objekte einer Servitut angewiesen sind. Daß hier der Pfandgläubiger, noch ehe die Servitut selbst dem Rechte nach aus dem Umfange des Eigenthums ausgeschieden, also als selbstständiges Recht constituirt ist, sich in der Ausübung derselben, in quasi possessione, befinden kann, ist nichts Besonderes, da ja auch sonst eine quasi possessio servitutis, ohne daß die Servitut schon

---

1) fr. 29. fam. hercisc. (10. 2.)

wirklich existirt, vorkömmt, wie dies bei demjenigen, der, ohne Servitut-Berechtigter zu seyn, sich d. h. für den Servitut-Berechtigten hält, stets eintritt, und auch bei demjenigen, dem die quasi possessio einer Servitut von dem Eigenthümer precario ist eingeräumt worden [1]), der Fall ist.

Sind, wie wir hoffen, die bisher über die pfandweise Bestellung einer Servitut von Seite des Eigenthümers aus der Natur der Servitut und des Pfandrechtes im Allgemeinen entwickelten Grundsätze folgerichtig, so fallen damit auch sämmtliche von den Neueren behaupteten Anomalien, welche bei der pfandweisen Bestellung einer Servitut von der sonst anerkannten Natur der Servituten eintreten sollen, zusammen. Zunächst stößt nämlich die pfandweise eingeräumte Servitut gegen den Grundsatz: servitus ad tempus constitui non potest, in keiner Weise an; denn dieser Grundsatz gilt nur von wirklich, also dem Rechte nach bestellten Servituten [2]), nicht aber da, wo Jemanden blos die quasi possessio der Servitut ist eingeräumt worden; denn diese kann, da sie precario erfolgen kann, jedenfalls ad tempus geschehen [3]), wogegen auch die dem Pfandgläubiger auf Verfolgung der Servitut zustehende utilis confessoria actio nicht streitet; denn diese beruht nicht auf seinem Servitut-, sondern nur auf seinem Pfandrechte, und ist blos auf Einräumung des Besitzes, nicht aber des Servitut-

1) fr. 2. §. 3. de precario (43. 26.). *Ulpianus* libro LXXI. ad edictum. Habere precario videtur, qui possessionem vel corporis vel *juris* adeptus est ex hac solummodo causa, quod preces adhibuit, et impetravit, ut sibi possidere *aut uti* liceat. fr. 3. eod. *Gajus* libro XXV. ad edictum provinciale. *Veluti si me precario rogaveris, ut per fundum meum ire vel agere tibi liceat, vel ut in tectum vel in aream aedium mearum stillicidium, vel tignum in parietem immissum habeas.* fr. 15. §. 2. eod. *Pomponius* libro XXIX. ad Sabinum. Precario habere etiam ea, quae in jure consistunt, possumus, ut immissa vel protecta.

2) fr. 4. de servit. (8. 1.)

3) fr. 1. fr. 2. §. 3. fr. 4. §. 4. fr. 5. de precario. (43. 26.)

Rechtes selbst gerichtet [1]). Ebensowenig stößt aber auch das dem Pfandgläubiger bei der pfandweisen Bestellung einer Servitut zustehende Veräußerungs-Recht gegen die bei den Servituten als Grundsatz feststehende Unveräußerlichkeit der Servitut, wenigstens dem Rechte nach, an; denn der Pfandgläubiger veräußert hier nicht eine Servitut, welche ihm bisher, als aus dem Umfange des Eigenthums dem Rechte nach schon ausgeschiedenes Recht, zustand, in welchem Falle allein der Grundsatz der Unveräußerlichkeit der Servituten verletzt werden würde, sondern er bestellt zuerst eine Servitut dem Rechte nach; er veräußert bei der Veräußerung der ihm pfandweise eingeräumten Servitut so wenig sein Recht, obgleich natürlich sein Pfandrecht damit aufhört, als derjenige, dem eine Sache vom Eigenthümer ist verpfändet worden, durch die Veräußerung derselben sein Eigenthum veräußert, er veräußert vielmehr nur, kraft der ihm eingeräumten Befugniß, die ihm zu diesem Behufe angewiesenen, bisher rechtlich noch im Umfange des Eigenthums enthaltenen, intellektuellen Bestandtheile des letzteren; er lös't diese allererst auch dem Rechte nach aus dem Umfange des Eigenthums ab, und constituirt so das, was er blos der Ausübung nach hatte, bei dem Käufer dem Rechte nach.

Selbst der oben bemerkte Dissens zwischen Gesterding und Hepp über den Zeitpunkt der Constituirung der pfandweise eingeräumten Servitut lös't sich nach dem bisher Gesagten leicht; denn als Zeitpunkt der wirklichen Constituirung der fraglichen Servitut kann nur der Augenblick der Veräußerung derselben durch den Pfandgläubiger erscheinen, während die pfandweise Einräumung durch die Verpfändung selbst erfolgt.

Es bleibt uns demnach nur noch übrig, die bisher über die pfandweise Einräumung einer Servitut von Seite des Eigenthümers aus allgemeinen Gesichtspunkten aufgestellten Grundsätze, mit den einzelnen Aeußerungen unserer Quellen über die vorliegende Frage zu vergleichen, um zu zeigen, daß auch diese von denselben Gesichtspunkten ausgehen.

1) fr. 66. de evict. (21. 2.). Meine Abhandlung über die Natur des Pfandrechtes S. 121.

Betrachten wir zu diesem Behufe:

1) die pfandweise Einräumung einer *servitus praedii*, so wird eine solche bei einer *servitus praedii rustici* ausdrücklich gestattet:

Paulus libro LXVIII. ad edictum.

Sed an viae, itineris, actus, aquaeductus pignoris conventio locum habeat, videndum esse Pomponius ait, ut, si talis pactio fiat, quamdiu pecunia soluta non sit, iis servitutibus creditor utatur — scilicet si vicinum fundum habeat, — et si intra diem certum pecunia soluta non sit, vendere eas vicino liceat; quae sententia propter utilitatem contrahentium admittenda est [1]).

Diese Stelle belegt die Richtigkeit der von uns über die pfandweise Einräumung einer Servitut von Seite des Eigenthümers aufgestellten Grundsätze so deutlich als möglich. Es soll nämlich die Verpfändung einer servitus praedii rustici die Wirkung haben, daß, im Falle sie als pignus ist eingeräumt worden, der Gläubiger vor der fälligen Pfandschuld die quasi possessio der Servitut haben, also die Servitut soll ausüben können: „*ut* quamdiu pecunia soluta non sit, *iis servitutibus creditor utatur*," er soll also nicht das *jus* servitutis haben, sondern nur den *usus*, welcher eben bei den Servituten pro possessione est [2]). Dabei wird aber erfordert, daß der Gläubiger selbst ein praedium vicinum habe: „scilicet si vicinum fundum habeat;" denn ohne dies würde die Ausübung der fraglichen Servitut nicht als quasi possessio servitutis *praedii* erscheinen [3]). Wird aber

1) fr. 12. de pignorib. (20. 1.)

2) fr. 20. de servitut. (8. 1.). *Javolenus* libro V. ex posterioribus Labeonis. Quoties via aut aliquod jus fundi emeretur, cavendum putat esse *Labeo*, per te non fieri quo minus eo jure uti possim, quia nulla ejusmodi juris vacua traditio esset. Ego puto, *usum ejus juris pro traditione possessionis* accipiendum esse. Ideoque et interdicta veluti possessoria constituta sunt. cf. fr. 11. §. 1. de Publ. act. (6. 2.) Vat. fragm. §. 90.

3) fr. 5. de servit. praed. rust. (8. 3.) fr. 14. §. 3 de alim. et cib.

die Pfandschuld binnen der bestimmten Zeit nicht abgetragen, so soll der Gläubiger das Recht haben, die fragliche Servitut selbst, nicht etwa blos den usus, zu veräußern: „et si intra diem certum pecunia soluta non sit, *vendere eas vicino liceat.*“ Durch diesen Verkauf an den Eigenthümer eines benachbarten, d. h. hier in einer solchen Nähe zu dem dienenden Grundstücke liegenden fundus, daß zwischen ihm und dem dienenden Grundstücke kein freies Privat-Grundstück sich befinde [1]), erhält also der Käufer das Recht der Servitut so, als wäre ihm dieselbe von dem Eigenthümer des dienenden Grundstückes selbst bestellt; er hat demnach die actio directa ad vindicandam servitutem, die Servitut ist ihm in perpetuum, d. h. so lange als das herrschende Grundstück, als dessen qualitas sie erscheint, selbst existirt, eingeräumt, nur daß sie jetzt durch non usus verloren gehen kann [2]), was bei der dem Gläubiger zustehenden pfandweisen Berechtigung an derselben nicht möglich war; denn die Servitut selbst hatte er nicht, und sein Pfandrecht konnte gegen den Verpfänder und dessen Erben gar nie [3]), gegen den dritten gutgläubigen Besitzer der Sache aber erst durch die longi temporis possessio von Seite des letzteren [4]) erlöschen. Ist also die Servitut erst bei dem Käufer constituirt, so ist sie auch jetzt erst, sowohl dem Rechte als auch der Ausübung nach, eben so unveräußerlich, wie jede andere, auf die gewöhnliche Weise constituirte servitus praedii.

---

leg. (34. 1.). Mühlenbruch, im Archiv. Bd. XV. Heft 3. Nro. 18. 1.

1) fr. 38 u. 39. de servit. praed. urb. (8. 2.) fr. 5. §. 1. de serv. praed. rust. (8. 3.) fr. 7. §. 1. comm. praed. (8. 4.)

2) fr. 6. de servit. praed. urb. (8. 2.) c. 13. C. de servit. (4. 34.)

3) Meine Abhandlung über die Natur des Pfandrechtes. S. 62 — 64.

4) fr. 5 u. 12. de diversis temp. praescript. (44. 3.) c. 1. C. si adversus credit. praescriptio opp. (7. 36.) c. 19. C. de evict. (8. 45.)

So wie nun der Eigenthümer eine servitus praedii rustici als pignus einräumen kann, so kann er dies auch als hypotheca, also ohne daß er dem Gläubiger sofort die quasi possessio an den als Gegenstand der, zur endlichen Befriedigung des Gläubigers, durch diesen aus dem Umfange des Eigenthums abzulösenden und auf einen Anderen zu übertragenden Servitut, angewiesenen intellektuellen Eigenthums-Bestandtheilen einräumt. Zwar ist dies nirgends ausdrücklich gesagt, aber es versteht sich eigentlich von selbst, indem Alles, was Gegenstand eines pignus, auch Gegenstand einer blosen hypotheca seyn kann, wie denn auch an solchen Gegenständen, welche nicht zum Faustpfande gegeben werden können, die Möglichkeit einer hypotheca gleichfalls in Abrede gestellt wird [1].

So wie wir nun gesehen haben, daß eine servitus praedii rustici von dem Eigenthümer an seiner Sache pfandweise könne eingeräumt werden, so sollte man nun auch glauben, daß dies bei den servitutes praediorum urbanorum ebenfalls geschehen könne, wodurch dann ähnliche Wirkungen herbeigeführt würden, wie die bei der Verpfändung einer servitus praedii rustici angegebenen. Allein die Möglichkeit einer pfandweisen Bestellung einer servitus urbana wird in unseren Quellen ausdrücklich geleugnet:

Marcianus libro singulari ad formulam hypothecariam.

Jura praediorum urbanorum pignori dari non possunt; igitur nec convenire possunt, ut hypothecae sint [2].

Diese Stelle, so klar sie an sich ist, hat dennoch unseren Theoretikern von jeher viele Schwierigkeit verursacht, weil es sich über den Grund fragt, weßhalb servitutes praediorum urbanorum nicht pfandweise sollen bestellt werden können. Cujacius [3]) will sie von dem Falle verstehen, wo der Inhaber einer servitus urbana daran ein Pfandrecht bestellen wollte; allein dann müßte das eben behandelte fr. 12. de

1) fr. 11. §. 3. de pignorib. (20. 1.)

2) fr. 11. §. 3. de pign. (20. 1.)

3) Observat. lib. XV. cap. 6.

pignor. (20. 1.) gleichfalls von einem solchen Falle verstanden werden, und demnach bliebe die Schwierigkeit nach wie vor vorhanden, weil es sich nun wieder über den Grund fragen würde, weßhalb eine schon bestehende servitus urbana von dem Servitut-Berechtigten nicht solle verpfändet werden können, während dies bei einer servitus rustica gestattet sey. Diesen will dann Cujacius darin finden, daß eine servitus urbana entweder nur dem herrschenden Gebäude einen Vortheil gewähre, oder doch da, wo ein solcher Vortheil auch für ein anderes Gebäude möglich sey, die Ausübung der Servitut, in Beziehung auf letzteres, den Eigenthümer des herrschenden Gebäudes zu sehr beschränken würde, welche Hindernisse bei der servitus rustica nicht einträten, indem diese in der Regel auch für ein drittes Grundstück vortheilhaft sey, und die Ausübung, in Beziehung auf dieses, dem herrschenden Grundstücke keinen Nachtheil bringe. Wenn sich nun auch gegen das Zureichende dieser Gründe Nichts einwenden läßt, so hätte doch Cujacius zunächst nachweisen müssen, daß eine Verpfändung einer schon bestehenden servitus rustica möglich sey, und in dem fr. 12. cit. angenommen werde. Hiergegen streitet aber die bei Prädial-Servituten überhaupt Statt findende Unzulässigkeit einer Veräußerung, nicht nur dem Rechte, sondern ebenso der Ausübung nach [1]); und demnach hat auch die Ansicht des Cujacius wenig Beifall gefunden [2]), vielmehr hat man das fr. 11. §. 3. und fr. 12. cit. fast allgemein von der pfandweisen Einräumung einer Prädial-Servitut von Seite des Eigenthümers verstanden [3]), wie dies auch schon die Verfasser der Basiliken thaten, welche das fr. 12. cit. folgendermaßen wiedergeben:

---

1) Vergl. Glück, Comment. Bd. XIX. §. 1091. S. 208.

2) Nur *Cocceji*, jus civ. controv. h. t. Q. 3. und *Gmelin*, de jure pignoris vel hypothecae §. 59 u. 60, folgen der Ansicht des Cujacius.

3) Vergl. Glück, Comm. Bd. XIX. S. 209. und die daselbst in Note 43. angeführten Schriftsteller. Schweppe, Handbuch. Bd. II. §. 239. *Mühlenbruch*, doctr. pand. Vol. II. §. 305. von Wening-Ingenheim, Lehrbuch. Bd. I. §. 163.

Δυνατὸν δὲ συμφωνεῖν, ἔχειν με κατὰ τοῦ ἀγρογείτονος ὁδὸν στενὴν καὶ πλατεῖαν, καὶ ὑδραγώγιον, ἕως οὗ τὸ χρέος καταβληθῇ μοι· καὶ ἐὰν μὴ καταβληθῇ ἐμπροθέσμως ἐξεῖναί μοι ταυτα πιπράσκειν [1]).

Worin liegt also der Grund, weßhalb eine servitus urbana nicht pfandweise soll bestellt werden können? Die Ansichten der Interpreten sind hierüber sehr verschieden. Der neueste Versuch ist von Roßhirt [2]), welcher glaubt, daß die Verschiedenheit zwischen servitutes rusticae und urbanae, wonach jene, nicht aber diese, verpfändet werden könnten, darin zu suchen sey, daß jene als res mancipi auch hätten mancipirt werden können, nicht aber diese. Allein die fiducia pignoris jure konnte ja nicht blos durch mancipatio, sondern auch durch in jure cessio geschehen [3]); und da nun servitutes urbanae jedenfalls durch in jure cessio begründet werden konnten [4]), so mußten sie auch auf diese Weise sub pacto fiduciae pignoris jure constituirt werden können. Es würde aber dieser Grund, auch abgesehen hiervon, jedenfalls zu viel beweisen, da ja der Usufruktus ausgemacht pignoris jure constituirt werden kann [5]), und dieser doch so wenig, wie die

---

Mackeldey, Lehrbuch. Bd. II. §. 305. Hepp, Arch. Bd. XIII. S. 349.

1) Basilic. lib. XXV. tit. 2. 11. *Fabrotus* übersetzt: Valet autem conventio ut liceat mihi ire, agere et aquam ducere *per fundum vicini*, donec pecunia mihi solvatur: et si intra diem certum pecunia soluta non sit, vendere eas mihi liceat.

2) In seiner Zeitschrift für Civil- und Criminalrecht. Bd. I. Heft 1. Nro. 1. S. 4. Note 7.

3) *Isidorus Hispal.* Orig. V. 25. §. 23. *Fiducia* est, cum res aliqua, sumendae pecuniae mutuae gratia, vel mancipatur, *vel in jure ceditur.* *Gajus* II. 59 und 60. Nam qui rem alicui *fiduciae* causa mancipio dederit, *vel in jure cesserit* . . .

4) *Gajus* II. 29. Sed jura praediorum urbanorum *in jure tantum cedi possunt*; rusticorum vero etiam mancipari possunt.

5) fr. 11. § 2. de pignorib. (20. 1.)

jura praediorum urbanorum zu den mancipi res gehörte [1]), und daher auch eben so wenig wie diese durch mancipatio, sondern immer nur durch in jure cessio begründet werden konnte [2]). Demnach muß der Grund, weßhalb eine servitus urbana nicht pfandweise soll bestellt werden können, in etwas Anderem, und zwar wie man ihn darin auch in der Regel gesucht hat [3]), in der Natur der Sache liegen. In der Stelle selbst wird nur der Grund angegeben, weßhalb eine servitus urbana nicht als Hypothek bestellt werden könne, weil nämlich auch eine Bestellung derselben als pignus unmöglich sey, und hierdurch scheint auch der Grund der Unzulässigkeit der pfandweisen Bestellung einer servitus urbana überhaupt angedeutet zu seyn. Selbst da nämlich, wo eine servitus blos pfandweise eingeräumt wird, müssen doch die Befugnisse, welche die fragliche Servitut bilden sollen, genau bestimmt seyn, wie sich dies da am deutlichsten zeigt, wo die quasi possessio der Servitut sofort überlassen wird, also bei der Einräumung einer servitus als Faustpfand, da eben etwas Unbestimmtes nicht besessen werden kann [4]); was aber so von dem pignus gilt, muß gleichmäßig auch bei der hypotheca eintreten, weil auch bei letzterer die actio hypothecaria, die eben bei der pfandweisen Bestellung einer servitus als utilis vindicatio servitutis erscheint, gleichfalls auf etwas Bestimmtes gerichtet seyn muß, insbesondere, weil mit derselben der Pfandgläubiger den Besitz des fraglichen Objektes in Anspruch nimmt [5]). Nun ist es zwar bei der servitus rustica möglich, daß die Befugnisse, welche

---

1) *Gajus* II. 17. 23. *Ulp.* fragm. XIX. 1.

2) *Gajus* II. 29. 30. *Ulp.* fragm. XIX. 11. *Vat.* fragm. §. 45. 47.

3) *Vinnius*, select. quaest. lib. I. c. 32. Westphal, Pfandrecht. §. 139. Gesterding, Pfandrecht. S. 75. Schweppe, Handbuch. Bd. II. §. 329.

4) fr. 3. §. 2. de acq. poss. (41. 2.) Incertam partem rei possidere nemo potest, veluti si hac mente sis, ut quidquid Titius possidet, tu quoque velis possidere. cf. fr. 32. §. 2. de usurpat. (41. 3.)

5) fr. 66. de evict. (21. 2.)

dem Pfandgläubiger pfandweise sind eingeräumt worden, in ihrem bestimmten objektiven Umfange, also namentlich in Beziehung auf das dienende Grundstück, auch einem andern Grundstücke als dem des Pfandgläubigers Vortheil gewähren können, daß also durch die Veräußerung der fraglichen Servitut von Seite des Pfandgläubigers und deren rechtliche Constituirung bei dem Eigenthümer des benachbarten Grundstückes, die Servitut in ihrem objektiven Umfange ganz dieselbe bleibe, nur daß jetzt die fraglichen Befugnisse, die seither dem Pfandgläubiger nur der Ausübung nach zustanden, dem Rechte nach aus dem Umfange des Eigenthums des dienenden Grundstückes abgelös't sind; und deshalb wurde eine pfandweise Einräumung einer servitus rustica „propter utilitatem contrahentium" zugelassen, während eine solche an einer servitus urbana, weil bei dieser von dem bisher Bemerkten gerade das Gegentheil eintritt, consequent geleugnet werden mußte; denn in dem Umfange, in welchem die fraglichen Befugnisse dem Pfandgläubiger eingeräumt wären, würde sie dem Eigenthümer eines benachbarten Gebäudes keinen Vortheil gewähren, und so ist auch, nachdem die Veräußerung, nach dem Verbote der lex commissoria, der einzige Befriedigungsweg geworden ist, bei dem Pfandgläubiger alles Interesse bei der Verpfändung einer servitus urbana ausgeschlossen, und sonach auch die Verpfändung selbst ungiltig; in dem Umfange aber, in welchem sie dem benachbarten Gebäude vortheilhaft seyn könnten, sind sie nicht verpfändet, und können demnach auch von dem Gläubiger nicht veräußert werden.

So wie nun eine pfandweise Einräumung einer servitus praedii, jedoch nur einer servitus praedii rustici, zugelassen ist, so ist:

2) auch eine pfandweise Einräumung einer *servitus personae* gestattet. Bestimmt ausgesprochen findet sich dieselbe zunächst für den *ususfructus:*

Marcianus libro singulari ad formulam hypothecariam. Ususfructus an possit pignori hypothecaeve dari, quaesitum est, *sive dominus proprietatis convenerit*, sive ille qui solum usumfructum habet. Et scribit *Papinianus* libro undecimo responsorum, tuendum creditorem, et si velit cum creditore proprietarius agere, *non esse ei jus uti frui invito se*, tali exceptione eum praetor tuebitur, *si non inter creditorem et eum, ad quem ususfructus pertinet, convenerit, ut ususfructus pignori sit*; nam et quum emtorem ususfructus tuetur praetor, cur non et creditorem tuebitur? *Eadem ratione et debitori objicietur exceptio* [1]).

Daß nun durch die pfandweise Einräumung des Usufrukts von Seite des Eigenthümers der dienenden Sache, der Usufrukt nicht dem Rechte nach in der Person des Pfandgläubigers begründet sey, folgt schon aus den oben über die pfandweise Bestellung einer Servitut überhaupt gemachten Bemerkungen, geht aber aus der vorliegenden Stelle noch insbesondere hervor; denn er kann sich nicht darauf berufen: *jus* sibi esse uti frui, sondern hat nur, wenn er im Besitze ist, also namentlich wenn der ususfructus ihm pignoris jure ist eingeräumt worden, gegen die Klage des Eigenthümers: jus ei non esse uti frui invito se, die exceptio: si non inter creditorem et dominum convenerit, ut ususfructus pignori sit; befindet er sich aber nicht im Besitze, also namentlich wenn ihm der ususfructus blos jure hypothecae ist eingeräumt worden, so hat er die actio hypothecaria, die sich hier als utilis vindicatio ususfructus, gestützt auf die Verpfändung, darstellt, auf Einräumung der quasi possessio. Demnach liegt also der ususfructus dem Rechte nach noch im Umfange des Eigenthums, und dem Pfandgläubiger steht nur die Ausübung desselben nach den Bedingungen des Pfandrechtes zu. Namentlich darf

1) fr. 11. §. 2. de pignorib. (20. 1.). Die Basiliken lib. XXV. tit. 2. l. 11. §. 2. geben die Stelle: *Καὶ ὁ ἔχων πρᾶγμα καλῶς ὑποτίθεται τὴν χρῆσιν αὐτοῦ, καὶ ὁ μόνην ἔχων χρῆσιν, ἰσχυρῶς αὐτὴν ὑποτίθεται, ὥσπερ καὶ πωλεῖ.* Nach *Fabrotus: Et proprietarius usumfructum rei recte pignori dat*, et qui solum usumfructum habet, sicut et vendendi jus habet.

der usus fructus pignori vel hypothecae constitutus auch nicht als ein nach prätorischem Rechte constituirter und dem Pfandgläubiger zustehender Usus frukt betrachtet werden; denn sonst würde sich, abgesehen davon, daß dies, wie schon oben gezeigt wurde, der Natur des Pfandrechts ganz widerspräche, der Usus frukt ganz nach der Person des Pfandgläubigers gerade so richten, als wäre er nach den Grundsätzen des Civilrechts constituirt [1]), namentlich würde der Pfandgläubiger Eigenthümer der gezogenen Früchte werden, was jedoch nicht der Fall ist, indem er an den gezogenen Früchten nur das Recht erlangt, welches er daran erlangen würde, wenn ihm eben nur die Früchte wären verpfändet worden, also nur wieder ein Pfandrecht mit der Befugniß dieselben veräußern zu dürfen:

Gajus libro singulari de formula hypothecaria.

Et quae nondum sunt, futura tamen sunt, hypothecae dari possunt, ut fructus pendentes, partus ancillae, fetus pecorum, et ea, quae nascuntur, sint hypothecae obligata; *idque servandum est*, *sive dominus* (fundi) *convenerit aut de usufructu, aut de his quae nascuntur*, sive is qui usumfructum habet, sicut *Julianus* scribit [2]).

Idem libro singulari de formula hypothecaria.

Si de futura re convenerit, ut hypothecae sit, sicuti est de partu, hoc quaeritur, an ancilla conventionis tempore in bonis fuit debitoris; et in fructibus, si convenit ut sint pignori, aeque quaeritur, an fundus vel jus utendi fruendi conventionis tempore fuerit in bonis debitoris [3]).

Hiermit fallen dann auch alle Folgerungen hinweg, zu denen man durch die Annahme, daß hier der usus fructus selbst schon aus dem Umfange des Eigenthums abgelös't und dem Pfandgläubiger als selbstständiges Recht eingeräumt sey, ist verleitet worden; namentlich kann auch nicht behauptet werden, daß das

---

1) fr. 1. pr. quib. mod. ususfr. (7. 4.) fr. 9. §. 1. usufruct. quemadm. caveat. (7. 9.) fr. 3. si ususfruct. pet. (7. 6.)

2) fr. 15. pr. de pign. (20. 1.)

3) fr. 11. §. 3. qui potiores. (20. 4.)

Recht des Pfandgläubigers an dem ihm vom Eigenthümer eingeräumten usus fructus, mit dem Tode desselben, deshalb erlösche, weil nun der Gegenstand des Pfandrechtes (der usus fructus) erloschen sey; denn der Usufrukt selbst ist in seiner Person nicht begründet, und kann daher auch mit seinem Tode nicht erlöschen; das Pfandrecht selbst aber ist ein Recht, welches zwar eine accessio des Forderungsrechtes, nicht aber der physischen Persönlichkeit des Gläubigers bildet, und daher auch mit dessen Tod nicht zusammenfallen kann, wenigstens nicht seiner Natur nach, sondern nur in Folge besonderer Uebereinkunft; und demnach wird man auch zugestehen müssen, daß das Pfandrecht an dem pfandweise vom Eigenthümer bestellten Usufrukt selbst auf die Erben des Pfandgläubigers übergehe, wenn man nicht etwa in der pfandweisen Einräumung eines Usufrukts die stillschweigende Uebereinkunft finden will, daß hier das Pfandrecht nur so lange dauern solle, als der Usufrukt, wäre er in der Person des Gläubigers begründet, dauern würde; wonach dann freilich das Pfandrecht mit dem Tode des Gläubigers aufhören würde, aber nicht wegen des Untergangs des Objekts, sondern wegen des Eintritts des Endtermins des Pfandrechtes [1]).

Eine andere, hier noch zu berührende, Frage ist die: ob dem Gläubiger, im Falle der Nichtbefriedigung, das Veräusserungsrecht des ihm pfandweise eingeräumten Usufrukts zustehe, und mit welcher Wirkung? Auch über diese Frage sind die Ansichten unserer Rechtslehrer sehr verschieden, wie sich schon deswegen erwarten läßt, daß sich darüber in unseren Quellen keine Bestimmung findet, und die Entscheidung der Frage daher nur aus allgemeineren Gesichtspunkten erfolgen

1) Daß eine solche Uebereinkunft giltig geschehen könne, unterliegt keinem Zweifel; allein daß im Zweifel diese Beschränkung des Pfandrechtes an einem usufructus pignoris jure constitutus zu vermuthen sey, muß wohl deshalb geleugnet werden, weil im Zweifel immer für die gewöhnliche Natur des Pfandrechtes die Vermuthung streitet, in der pfandweisen Bestellung eines Usufrukts aber nicht nothwendig eine solche Beschränkung enthalten ist.

kann. Diejenigen Rechtslehrer, welche dem Pfandgläubiger eine Veräußerung gestatten, stützen sich auf das mit dem Pfandrechte überall, namentlich auch bei einer pfandweise eingeräumten servitus rustica, verbundene Veräußerungsrecht, lassen aber, weil sie den usus fructus selbst in der Person des Pfandgläubigers für begründet ansehen, mit der Veräußerung nur diejenigen Wirkungen eintreten, welche auch sonst mit der Veräußerung des Ususfrukts von Seite des Usufruktuars verbunden sind; betrachten also den Ususfrukt nur als der Ausübung nach, und mithin auch nur so lange, als der Ususfrukt selbst in der Person des Gläubigers besteht, also nur bis zu dessen Tode, auf den Käufer übertragbar. Da jedoch, wie wir gezeigt zu haben hoffen, der Ususfrukt in der Person des Gläubigers dem Rechte nach nicht begründet ist, die den Ususfrukt bildenden Befugnisse vielmehr dem Rechte nach noch in dem Umfange des Eigenthums enthalten sind, und dem Pfandgläubiger nur deren pfandweise Ausübung zusteht, so wird, im Falle man dem Gläubiger die Veräußerungs-Befugniß des pfandweise eingeräumten Ususfrukts gestattet, durch die Veräußerung der Ususfrukt allererst wieder aus dem Umfange des Eigenthums abgelös't und demnach dem Käufer als wirklicher Ususfrukt bestellt werden, mithin auch, rücksichtlich seiner Dauer, sich nach der Person des Käufers richten. Ob aber die Absicht des den Ususfrukt pfandweise constituirenden Eigenthümers darauf gerichtet sey, daß der Gläubiger im Falle der Nichtbefriedigung den Ususfrukt solle veräußern können, ist eine andere Frage. Möglicherweise könnte nämlich diese Absicht nur dahin gehen, daß der Gläubiger die Früchte zum Zwecke seiner Befriedigung ziehen und veräußern solle, so daß dann der Pfandgläubiger, dem der Ususfrukt pfandweise eingeräumt wäre, sich von dem, welchem nur die Früchte einer Sache wären verpfändet worden, nur dadurch unterscheiden würde, daß, während letzterer nur die hypothecaria auf Verfolgung der Früchte, also als utilis rei vindicatio, hätte, ersterem die hypothecaria zunächst im Umfange einer utilis vindicatio ususfructus, um sich in die Ausübung des Ususfrukts zu setzen, also die Früchte selbst ziehen zu können, zustände, obgleich auch ihm die hypothecaria wieder auf Verfolgung der Früchte, aus deren Besitz er gekommen wäre, jedoch hier wieder als utilis rei vindicatio, zustehen würde. Von dieser Ansicht geht Gesterding [1]) aus, und läßt daher eine Veräußerung des Usufrukts von Seite des Gläubigers nicht zu, wobei er jedoch blos an die Veräußerung des Usufrukts der Ausübung nach denkt, da er eine Veräußerung des Usufrukts als solchen, also dem Rechte nach, schon deshalb für unmöglich hält, weil er den pfandweise bestellten Usufrukt als Personal-Servitut in der Person des Gläubigers ansieht; während Hepp [2]) eine Veräußerung des ususfructus pignoris jure constitutus, jedoch, weil auch er den Usufrukt als an die Person des Gläubigers geknüpft betrachtet, wieder nur der Ausübung nach und so lange der Gläubiger lebt, zuläßt. Auch wir glauben, daß im Zweifel dem Gläubiger bei dem ususfructus pignoris jure constitutus das Veräußerungsrecht, als im Zweifel überall mit dem Pfandrechte verbundenes Recht zustehe, nur daß wir durch die Veräußerung von Seite des Gläubigers den Usufrukt in der Person des Käufers allererst als Personal-Servitut entstehend ansehen, so daß nach unserer Ansicht mit der Veräußerung bei dem Gläubiger weder ein Pfandrecht, noch auch ein Usufrukt zurückbleibt, mithin auch hier die gewöhnlichen Grundsätze des Pfandrechtes entscheiden. Für die dem Gläubiger zustehende Veräußerungs-Befugniß dürfte auch ein Rescript des Coder sprechen:

Imp. *Gordianus* A. Lamponi et aliis.

Etiam id, quod pignori obligatum est, a creditore pignori obstringi posse, jamdudum placuit, scilicet ut sequenti creditori utilis actio detur, tamdiuque eum is, qui jus repraesentat, tueatur, quamdiu in causa pignoris manet ejus, qui dedit. Sed si vos *usumfructum* possessionis tantummodo *pignori dedistis*, isque qui accepit,

1) Pfandrecht. S. 71 — 74.

2) Archiv. Bd. XVIII. Heft 3. S. 347 u. 348. Bd. XV. Heft 1. S. 34 u. 35.

alii *eam possessionem, cujus usufructum nexum habebat,* sine vestra voluntate *pignoravit, creditor ejus id, in quo pignoris vinculum non constitit, distrahens, dominio vos privare nequivit* ..... [1])

Zwar ist hier nur davon die Rede, daß der Gläubiger, dem nur der Usufrukt an einem Grundstücke pfandweise sey bestellt worden, dadurch, daß er das Grundstück selbst weiter verpfände, kein Pfandrecht und demnach auch keine Veräusserungs-Befugniß, hinsichtlich des ihm selbst nicht verpfändeten Grundstückes, für seinen Gläubiger begründen könne; allein es scheint hier doch zugegeben zu werden, daß, wenn der Gläubiger nur den ihm verpfändeten Usufrukt weiter verpfändet hätte, der After-Pfandgläubiger durch die Veräußerung des ususfructus pignori nexus den ususfructus giltig würde constituirt, also dem Rechte nach aus dem Umfange des Eigenthums ausgeschieden haben; denn als Grund, weshalb durch die Veräußerung der nicht verpfändeten possessio das Eigenthum dem Verpfänder des ususfructus nicht entzogen werden könne, wird nur angegeben: *creditor id in quo pignoris vinculum non constitit, distrahens, dominio vos privare nequivit;* mithin muß, so weit der Gläubiger nur das veräußert, was ihm verpfändet ist, also im vorliegenden Falle den ususfructus, auch insoweit eine privatio dominii des Verpfänders eintreten.

Was so bisher über die pfandweise Bestellung eines *ususfructus* und deren Wirkungen ist bemerkt worden, muß in gleicher Weise auch bei der pfandweisen Einräumung einer *habitatio* eintreten, mithin auch deren Verpfändung vom Eigenthümer des Hauses mit der Wirkung, daß der Gläubiger dieselbe im Falle der Nichtbefriedigung solle als servitus personalis constituiren können, für zulässig erachtet werden. Dagegen hat man die Zulässigkeit einer pfandweisen Bestellung des *usus* schlechthin geleugnet [2]), und zwar aus dem Grunde,

1) c. 1. C. si pignus pignori. (8. 24.)

2) Westphal, Pfandrecht. §. 140. Gesterding, Pfandrecht. S. 74.

weil der usus, selbst nicht quo ad exercitium, auf einen Anderen könne übertragen werden [1]). Allein dieser Grund würde jedenfalls zu viel beweisen; denn auch eine servitus rustica kann selbstständig, d. h. hier ohne das praedium dominans, weder dem Rechte noch der Ausübung nach einem Andern eingeräumt werden, und doch ist nach Obigem deren pfandweise Bestellung von Seite des Eigenthümers des dienenden Grundstückes gestattet. Auch beruht die behauptete Unzulässigkeit der pfandweisen Bestellung des usus auf der, wie wir hoffen, als irrig nachgewiesenen Annahme, daß bei der pfandweisen Einräumung einer Servitut der Gläubiger zugleich der Servitut-Berechtigte sey; und sonach dürfte die pfandweise Einräumung des usus mit der Wirkung, daß der Gläubiger, im Falle der Nichtbefriedigung, denselben durch Veräußerung als Personal-Servitut constituiren könne, zulässig seyn, wenn man dieselbe nicht aus einem ähnlichen, wie dem für die Unzulässigkeit der Verpfändung einer servitus urbana angegebenen, Grunde in Abrede stellen will, aus dem Grunde nämlich, daß der usus durch das Eintreten eines anderen Subjekts, in Folge der Veräußerung von Seite des Gläubigers, auch objektiv ein anderer würde, als der von dem Gläubiger pfandweise ausgeübte war.

Wenden wir uns demnach:

B) zu der Verpfändung der Servituten von Seite des Servitut-Berechtigten, so bietet diese bei weitem weniger Schwierigkeiten dar, als die seither erörterte pfandweise Bestellung einer Servitut von Seite des Eigenthümers der dienenden Sache, und demnach findet sich auch über deren Zulässigkeit und Wirkung unter unseren Rechtslehrern eigentlich gar kein Streit. So wird demnach:

1) die Verpfändung einer *servitus praedii rustici* sowohl als *urbani*, wenigstens von sämmtlichen neueren Juristen [2]),

---

1) fr. 8 u. 12. de usu et habitat. (7. 8.) §. 1. J. eod. (2. 5.)

2) Glück, Comm. Bd. XIV. S. 25. Bd. XIX. S. 209 — 210. Westphal, Pfandrecht. §. 140. Gesterding, Pfandrecht.

schlechthin, und zwar aus dem ganz zutreffenden Grunde geleugnet, weil eine einmal constituirte Prädial-Servitut weder dem Rechte noch der Ausübung nach von dem praedium dominans getrennt werden kann; weßhalb hier die Verpfändung an sich, d. h. auch ohne Rücksicht darauf, daß der Gläubiger, wegen Unmöglichkeit der Veräußerung der Servitut, auch nur der Ausübung nach, keine Sicherheit und daher auch kein Interesse haben kann, schon deshalb unmöglich ist, weil eben gar keine Ueberlassung an einen Anderen, also auch nicht eine pfandweise vorkommen kann. Daß jedoch mit der Verpfändung des herrschenden Grundstückes auch die demselben zustehenden Servituten verpfändet seyen, versteht sich von selbst, da diese als qualitates fundi demselben nothwendig folgen [1]). Dagegen ist:

2) eine Verpfändung der Personal-Servituten, so weit bei denselben eine Ueberlassung der Ausübung an einen Andern gestattet ist, also eine Verpfändung des *ususfructus* [2]) und der *habitatio* [3]) allerdings zulässig, während

---

S. 74. Schweppe, Handbuch. Bd. II. §. 329. *Mühlenbruch*, doctr. pand. Vol. II. §. 305. von Wening-Ingenheim, Lehrbuch. Bd. I. §. 163. Mackeldey, Lehrbuch. Bd. II. §. 305.

1) fr. 16. de servitut. (8. 1.). *Julianus* libro XLIX. digestorum. Ei qui *pignori fundum accepit, non est iniquum utilem petitionem servitutis dari, sicuti ipsius fundi utilis petitio datur.*

2) fr. 11. §. 2. de pignorib. (20. 1.). *Ususfructus an possit pignori hypothecaeve dari?* quaesitum est, sive dominus proprietatis convenit, *sive ille qui solum usumfructum habet.* Et scribit *Papinianus* libro undecimo responsorum: tuendum creditorem; et si velit cum creditore proprietarius agere: *non esse ei jus uti frui invito se*, tali exceptione eum praetor tuebitur: *si non inter creditorem, et eum ad quem ususfructus pertinet, convenerit ut ususfructus pignori sit.* Nam quum et emtorem ususfructus tuetur praetor, cur non et creditorem tuebitur? Eadem ratione et debitori objicietur exceptio.

3) Der habitator kann zwar die habitatio auch der Ausübung nach nicht unentgeldlich, fr. 10. pr. de usu et habit. (7. 8.), wohl aber entgeldlich einem Andern überlassen, wie dies

eine Verpfändung des *usus* von Seite des Usuars ausgeschlossen ist, weil eben der usus auch nicht quo ad exercitium auf einen Andern kann übertragen werden [1]. Verpfändet aber der Usufruktuar seinen ususfructus, so wird der Gläubiger natürlich so wenig Usufruktuar, als er bei der Verpfändung einer Sache von Seite des Eigenthümers Eigenthümer der letzteren wird, sondern der ususfructus alienus ist ihm nur pignoris jure verhaftet, und er hat, wenn ihm derselbe als Faustpfand ist überlassen worden, nur die quasi possessio desselben mit dem Rechte, als Pfandgläubiger die Früchte zu ziehen, und den Usufrukt selbst, im Falle er nicht befriedigt wird, in dem Umfange zu veräußern, in welchem er von dem verpfändenden Usufruktuar selbst veräußert werden kann, also nur quoad exercitium [2]. Er erwirbt also, da er nicht Usu-

Justinian in c. 13. de usufructu et habitatione (3. 33.) verbis: Et siquidem habitationem quis reliquerit, ad humaniorem declinare sententiam nobis visum est, et *dari legatario etiam locationis licentiam*. Quid enim distat, sive ipse legatarius maneat, sive alii cedat, ut mercedem accipiat ... verordnet, vergl. §. 5. J. de usu et habit. (2. 5), und Thibaut, Civil. Abhandl. Nro. II. Ziffer 4. S. 22—25; und demnach folgert man mit Recht, daß der habitator auch verpfänden könne, wofür man sich noch insbesondere auf den Ausspruch des *Javolenus* in fr. 49. de usuris (22. 1.): „fructus rei est vel pignori dare licere" beruft. Vergl. Glück, Comment. Bd. XIV. S. 25. Note 71. v. Wenning-Ingenheim, Lehrbuch. Bd. I. §. 163. S. 400. Note c. und *Mühlenbruch*, doctr. pand. Vol. II. §. 305. Die Wirkungen der Verpfändung einer habitatio von Seite des habitator sind übrigens dieselben wie die der Verpfändung des Usufrukts von Seite des Usufruktuars, nur daß in Folge der letzteren der Pfandgläubiger auch ein Pfandrecht an den nach der Verpfändung gezogenen Früchten erhält, welches bei der verpfändeten habitatio natürlich nicht vorkommen kann.

1) §. 1. J. de usu habit. (2. 5) fr. 2. §. 3. 4 u. 8. h. t. (7. 8.). Vgl. v. Wening-Ingenheim a. a. O.

2) Gesterding, Pfandrecht S. 73, will auch da, wo ein schon bestehender Usufrukt ist verpfändet worden, dem Pfandgläubiger ein Veräußerungsrecht desselben zum Zwecke seiner Befrie-

fruktuar, sondern nur Pfandberechtigter ist, auch durch die Perception nicht das Eigenthum an den gezogenen Früchten, sondern wieder nur ein Pfandrecht, also eine obligatio rei, mit dem Rechte, dieselben zum Zwecke seiner Befriedigung zu veräußern [1]). Ist ihm dagegen der usus fructus nur jure hypothecae verpfändet, so hat er nur das Recht, sich mit der actio hypothecaria, die sich hier wieder als utilis confessoria darstellt, in die pfandweise Ausübung desselben zu setzen, und ihn

---

digung nicht gestatten, sondern blos das Recht, die Früchte als Pfandgläubiger in Anspruch nehmen zu können, und sich durch den Verkauf derselben bezahlt zu machen. Hiernach würde sich der Pfandgläubiger, welchem ein Usußfrukt ist verpfändet worden, von demjenigen, dem blos die Früchte sind verpfändet worden, wieder nur dadurch unterscheiden, daß jener, wenn ihm der ususfructus pignoris jure ist verpfändet worden, sich in quasi possessione ususfructus befände, also die Früchte selbst ziehen könnte, und wenn ihm derselbe jure hypothecae ist verpfändet worden, wenigstens das Recht hätte, sich mit der actio hypothecaria als einer utilis confessoria actio in den Besitz zum Zwecke des Fruchtgewinns zu setzen. Bei einer verpfändeten habitatio würde dann der Pfandgläubiger immer nur das Recht haben, entweder dadurch, daß er die Wohnung selbst benutzte oder dieselbe vermiethete, zu seiner Befriedigung zu gelangen. Da aber im Zweifel die gewöhnlichen Folgen der Verpfändung angenommen werden müssen, so glauben wir mit Hepp, Archiv. Bd. XIII. S. 347 u. 348. Bd. XV. S. 84 u. 85. der gewöhnlichen Ansicht, daß dem Pfandgläubiger auch da, wo ihm eine servitus personalis ist verpfändet worden, das Veräußerungsrecht der Servitut zum Zwecke seiner endlichen Befriedigung zustehe, den Vorzug einräumen zu müssen.

1) Hierin steht also der Gläubiger, welchem der ususfructus ist verpfändet worden, demjenigen, dem blos die Früchte einer Sache sind verpfändet worden, gleich: fr. 15. pr. de pignorib. (20. 1.) Et quae nondum sunt, futura tamen sunt, hypothecae dari possunt, ut fructus pendentes, partus ancillae, fetus pecorum et ea quae nascuntur sint hypothecae obligata. *Idque servandum est, sive dominus fundi convenerit* aut de usufructu aut *de his quae nascuntur, sive is qui usumfructum habet*, sicut *Julianus* scribit.

zum Zwecke seiner Befriedigung zu veräußern [1]), durch welche Veräußerung dann wieder der Käufer nur das exercitium usus fructus erhält, während der ususfructus, da er dem Rechte nach von dem Usufruktuar nicht veräußert werden kann, in der Person des Verpfänders begründet bleibt, mithin auch mit dem Tode des letzteren erlischt, womit dann auch das durch die Veräußerung von Seite des Pfandgläubigers dem Käufer erworbene Ausübungs-Recht zusammenfällt. Zugleich versteht sich von selbst, daß da, wo der Usufruktuar seinen usus fructus verpfändet hat, das Pfandrecht mit dem Aufhören des Ususfrukts in der Person des Usufruktuars ebenso aufhören muß, wie das an einer Sache bestellte mit dem Untergange der letzteren:

Marcianus libro singulari ad formulam hypothecariam.

Sicut re corporali exstincta, ita et usufructu exstincto pignus hypothecave perit [2]).

Eine nicht minder schwierige und bestrittene Frage, als die seither erörterte, über die Zulässigkeit und Wirkung der Verpfändung der Servituten ist:

II. die über die von Seite des Pfandgläubigers in Folge seines Pfandrechtes vorgenommene After-Verpfändung.

Die Ansichten unserer Rechtslehrer sind hierüber im Einzelnen so verschieden, daß sie sich kaum erschöpfend darstellen lassen. Einige [3]) betrachten das *subpignus* als eine weitere

1) Es versteht sich indessen von selbst, daß der Gläubiger, welchem der ususfructus nur jure hypothecae ist verpfändet worden, immer auch ein Pfandrecht an den gezogenen Früchten erwirbt.

2) fr. 8. pr. quib. mod. pignus (20. 6.). Durch blosen non usus kann jedoch die verpfändete Personal-Servitut nicht erlöschen, wie sich dies bei der habitatio, die überhaupt durch blosen Nichtgebrauch nicht erlischt, fr. 10. pr. de usu et habit. (7. 8.) von selbst versteht, aber auch bei dem verpfändeten Nießbrauche wegen fr. 15. s. f. fr. 38—40. de usufr. (7. 1.) angenommen werden muß.

3) Glück, Comment. Bd. XIV. S. 57—59. Westphal, Pfandrecht. §. 142 u. 143. von Wening-Ingenheim, Lehrbuch.

Verpfändung der verpfändeten Sache, nicht aber des Pfandrechtes; Andere dagegen betrachten es als eine Verpfändung des Pfandrechtes selbst, als dinglichen Rechtes, nicht aber der verpfändeten Sache, und diese Ansicht scheint jetzt die verbreitetste zu seyn [1]), während neuerdings Hepp [2]) eine dritte, von beiden Theorien abweichende, Ansicht aufgestellt hat, nach welcher das subpignus weder eine Verpfändung der verpfändeten Sache, noch des Pfandrechtes als dinglichen Rechtes, sondern vielmehr eine Verpfändung der Forderung, die dem Pfandgläubiger aus der Constituirung des Pfandes (ex contractu pignoratitio oder ex pacto hypothecae) gegen den Pfandbesteller zustehe, und welche von beiden Seiten durch die actio pignoratitia und gegen den Pfandschuldner durch die actio hypothecaria geltend gemacht werden könne, enthalten soll, so daß sich das subpignus eigentlich als ein *pignus nominis* darstelle, und eben deshalb nicht sowohl bei der Verpfändung der jura in re, sondern vielmehr bei der Lehre von dem pignus nominis abzuhandeln sey.

Aber nicht blos über das Objekt des subpignus sind die Ansichten unserer Rechtslehrer verschieden, sondern auch über die weitere Frage: ob mit der Afterverpfändung zugleich eine Verpfändung des persönlichen Forderungsrechtes, für welches das Pfand dem Afterverpfänder bestellt war, verbunden sey,

---

Bd. I. §. 146. Fritz, Erläuterungen zu v. Wening-Ingenheim's Lehrbuch des gemeinen Civilrechts. Heft 2. Freiburg 1834. S. 455., vergl. mit S. 497 u. 498.

1) Gesterding, Pfandrecht. S. 79 und 80. Hepp, Archiv. Bd. XIII. S. 350 folg. von Löhr, Archiv. Bd. XIV. S. 162 — 163. Thibaut, System. Bd. II. §. 648. Schweppe, Handbuch. Bd. II. §. 340. *Mühlenbruch*, doctrina pand. Vol. II. §. 305. nota 4. Mackeldey, Lehrbuch. II. §. 305. Note g.

2) Archiv. Bd. XV. Heft 1. S. 87 u. 88. Früher war Hepp der Ansicht, daß subpignus bestehe in einer Verpfändung des Pfandrechtes; siehe die vorige Note.

oder nicht [1]), so daß die hier vorliegende Frage in jeder Beziehung zu den bestrittenen gehört.

Was nun zunächst die von Hepp aufgestellte Ansicht betrifft, so gestehen wir, nicht recht einzusehen, wie sich das Afterpfand als pignus nominis darstellen soll; denn wenn wir auch zugeben wollten, daß der Pfandgläubiger seine persönlichen Ansprüche aus dem contractus pignoratitius verpfänden könne, was jedoch, da der Pfandgläubiger bei dem contractus pignoratitius als Schuldner erscheint, weßhalb nur er ursprünglich aus dem Faustpfand-Kontrakte verpflichtet ist, und daher auch die actio pignoratitia (in personam) directa nur gegen ihn Statt findet [2]), nur in Beziehung auf seine zufälligen, mit der actio pignoratitia contraria zu verfolgenden Gegen-Ansprüche, eintreten könnte, so wäre dies doch niemals ein

1) Man darf aber nicht etwa glauben, daß diejenigen Rechtslehrer, welche das subpignus für eine Verpfändung des Pfandrechtes und nicht der verpfändeten Sache halten, stets das persönliche Forderungsrecht des Afterverpfänders als mit verpfändet betrachteten, und daß umgekehrt diejenigen, welche das subpignus für eine Verpfändung des verpfändeten Objekts ansehen, die entgegengesetzte Ansicht befolgten; vielmehr sind die Rechtslehrer der einen wie der andern Ansicht unter sich in Beziehung auf die hier vorliegende Frage wieder uneinig. So namentlich hielt Hepp, Archiv Bd. XIII. Heft 3. Nro. XVIII, wo er das subpignus noch für ein Pfandrecht an einem Pfandrechte ansah, dennoch die persönliche Forderung des Afterverpfänders nicht für mitverpfändet, vergl. S. 360 folg., und dieser Ansicht ist er auch treu geblieben, nachdem er seine Ansicht über das Objekt des subpignus geändert hat; vergl. Arch. Bd. XV. S. 86 folg. Dagegen betrachten die sämmtlichen Rechtslehrer, welche nach Obigem das Afterpfandrecht für ein Pfandrecht an der verpfändeten Sache halten, das persönliche Forderungsrecht des Afterverpfänders als stillschweigend mitverpfändet, und nur von Wening-Ingenheim a. a. O. ist hierin abweichend.

2) §. 4. J. quib. modis re contrahitur obl. (3. 14.). Mackeldey, Lehrbuch. Bd. II. §. 406.

3) fr. 8. pr. de pignorat. act. (13. 7.). Mackeldey, a. a. O. §. 407.

Afterpfand, da ihm seine Ansprüche aus dem contractus pignoratitius nicht verpfändet sind, sondern ihm als ursprüngliches Forderungsrecht zustehen, so daß deren Verpfändung wie die Verpfändung jedes anderen Forderungsrechtes zwar als pignus nominis, aber nicht als subpignus, nicht als Afterpfand erscheinen, mithin auch nicht mit dem Aufhören des Pfandrechts in der Person des Pfandgläubigers, sondern erst mit der Tilgung oder sonstigen Erlöschung des aus dem contractus pignoratitius entspringenden Forderungsrechtes des Gläubigers zusammenfallen würde [1]). Freilich denkt sich Hepp hierbei ein durch die Verpfändung begründetes persönliches Forderungsrecht in Beziehung auf die verpfändete Sache verpfändet; denn er sagt: „durch den Pfandvertrag erwirbt der Pfandgläubiger ein nomen (ein persönliches Recht) gegen seinen Schuldner, welches beim contractus pignoratitius in dem jus possidendi et distrahendi, beim pactum hypothecae in dem Rechte, sich in den Besitz des Pfandobjektes zu setzen und dasselbe zu veräußern besteht.“ Daß aber durch den contractus pignoratitius und das pactum hypothecae ein solches persönliches Forderungsrecht begründet werde, hätte Hepp jedenfalls erst nachweisen sollen. Der contractus pignoratitius wird doch als Real-Kontrakt erst perfekt mit der Ueberlieferung des Pfandobjekts, und sonach kann aus demselben nicht erst ein Forderungsrecht von Seite des Gläubigers auf dessen Ueberlieferung begründet werden, während in Beziehung auf das Pfandrecht als dingliches Recht schon die blose Uebereinkunft, daß eine Sache verpfändet seyn solle, genügt [2]), weil eben zur Begründung des Pfandrechts überhaupt das blose

1) Das Pfandrecht kann nämlich erloschen seyn, während die persönlichen Ansprüche des Pfandgläubigers aus dem contractus pignoris noch fortdauern, wie dies nämentlich da eintreten wird, wo die verpfändete Sache zu Grunde gegangen ist.

2) fr. 1. de pignorat. act. (13. 7.) fr. 12. §. 10. qui potiores (20. 4.). Meine Abhandlung über die Natur des Pfandrechtes. Nro. II. S. 17 – 20.

pactum hinreicht [1]), weßhalb auch durch das pactum hypothecae nicht erst ein persönliches Forderungsrecht sich in den Besitz des Pfandobjekts zu setzen, sondern sofort das mit der actio hypothecaria als actio in rem zu verfolgende dingliche Pfandrecht selbst begründet wird [2]), welches daher auch nicht „zugleich ein persönliches und dingliches Recht“ seyn kann; denn so weit erst ein persönliches Forderungsrecht besteht, ist noch kein dingliches Recht begründet, weil eben letzteres voraussetzt, daß der Berechtigte unabhängig von dem Besteller und jedem Dritten in Beziehung auf die Sache berechtigt sey, womit das persönliche Forderungsrecht: erst in das unabhängige Verhältniß zu der Sache gesetzt zu werden, in direktem Widerspruche stehen würde. Auch ist Hepp zu seiner Ansicht über das Objekt des subpignus nur durch das weiter unten zu erörternde fr. 13. §. 2. de pign. (20. 1.) verleitet worden, wo Marcian den Einfluß angeben will, welchen die subpignoratio in Beziehung auf die Objekte des Forderungsrechtes des Afterverpfänders äußere, wenn durch deren Zahlung das Pfandrecht und demnach auch das Afterpfandrecht erloschen ist.

So wenig wir nun der Ansicht Hepp's über das Objekt der After-Verpfändung beitreten können, so wenig können wir auch die Ansicht derjenigen Rechtslehrer billigen, welche das subpignus für eine Verpfändung des Pfandrechtes selbst, als dinglichen Rechtes, nicht aber der verpfändeten Sache, ansehen; denn auch hier wäre nur eine Verpfändung des Pfandrechtes, also eines bei dem Gläubiger allererst begründeten, nicht aber ihm verpfändeten Rechtes vorhanden, während das Afterpfand seinem Begriffe nach voraussetzt, daß das, das Objekt des ersten Pfandrechtes Bildende, von dem Pfandberechtigten weiter verpfändet werde, und deßhalb ist auch in unseren Quellen bei dem subpignus immer nur von der Verpfändung der res pignerata die Rede.

---

1) fr. 17. §. 2. de pactis. (2. 14.)

2) §. 7. J. de act. (4. 6.). von Buchholz, juristische Abhandl. Nro. 22. S. 282 — 285.

So sagt *Marcianus*: „Quum pignori *rem pigneratam* accipi posse placuerit" ... [1]), und fast gleichlautend der Kaiser *Gordianus*: „Etiam *id*, *quod pignori obligatum* est a creditore pignori obstringi posse, jam dudum placuit" ... [2]). Ebenso sagt *Scaevola*: „Et si mihi pignori dederis et ego *eandem rem alii pignoravi*" ... [3]), und die Kaiser *Diocletianus* und *Maximianus*: „Si creditor *possessionem, quae a parentibus tuis pignoris jure fuit obligata*, non vendidit, sed *alii creditori* pignori dedit" ... [4]) Nur einmal findet sich der Ausdruck: „*si pignus creditor pignori dederit*" [5]), wo aber *pignus* nicht für „Pfandrecht," sondern für „verpfändete Sache" steht. Auch ist man zu der Annahme: das Afterpfand bestehe in einem Pfandrechte an einem Pfandrechte, wohl nur durch die Voraussetzung verleitet worden, daß das Pfandrecht bestimmte, aus dem intellektuellen Umfange des Eigenthums abgelös'te Befugnisse enthalte, welche als selbstständiges Objekt des Pfandrechts in derselben Art in Betracht kämen, wie die dem Servitut-Berechtigten zustehenden Befugnisse als selbstständiges Objekt des Servitutrechtes in Betracht kommen. Daß dem aber nicht so sey, daß vielmehr das Pfandrecht, obgleich es einen, dasselbe von allen übrigen Rechten unterscheidenden Inhalt hat, doch nicht, wie die Servitut, ein nur ihm eigenthümliches Objekt habe, dürfte nach dem, was wir über die Natur des Pfandrechtes im Verhältnisse zu den übrigen Sachenrechten und der Servitut insbesondere bemerkt haben, nicht wohl bezweifelt werden. Hiernach erfaßt nämlich das Pfandrecht das Objekt des verpfändeten Rechtes selbst, jedoch nicht als dem Gläubiger eigenthümlich zustehend, sondern als für dessen Forderung verhaftet, wodurch es eben möglich wird, daß als Objekt des Pfand-

1) fr. 13. §. 2. de pignorib. (20. 1)
2) c. 1. C. si pignus pignori. (8. 24.)
3) fr. 14. §. 3. de divers. temporal. praescript. (44. 3.)
4) c. 2. C. si pignus pignori. (8. 24.)
5) fr. 40. §. 2. de pignorat. act. (13. 7.)

rechtes bald eine körperliche Sache, bald eine servitus, bald auch blos ein nomen vorkommen kann. Da nun der Gläubiger unmittelbar in Beziehung auf die ihm verpfändete Sache berechtigt ist, so hat er auch das Recht, dieselbe zu verpfänden, und es entsteht durch die Verpfändung von Seite des Pfandgläubigers ein wirksames Pfandrecht für den Afterpfandgläubiger, sollte sich auch der Verpfänder hierbei nicht als Pfandgläubiger zu erkennen geben, der Afterpfandgläubiger also ihn für den Eigenthümer oder sonstigen ursprünglich Berechtigten selbst gehalten haben [1]). Auch steht dem Pfandgläubiger das Recht, die ihm verpfändete Sache weiter zu verpfänden, nicht etwa erst vom Augenblicke, wo seine Forderung fällig geworden ist, zu, sondern schon von dem Augenblicke der Begründung des Pfandrechtes. Zwar ist die Afterverpfändung nur deshalb zulässig, weil der Gläubiger das Recht hat, die verpfändete Sache zu veräußern; allein damit ist nicht gesagt, daß er das Recht zu verpfänden nicht eher habe, als das Veräußerungsrecht. Uebrigens kann der Gläubiger, wenn ihm ein Faustpfand an einer Sache ist eingeräumt worden, dieselbe entweder wieder als Faustpfand überlassen, oder auch blos verhypotheciren [2]), wie sich dies eigentlich von selbst versteht, aber auch in unseren Quellen noch ausdrücklich bemerkt wird:

Julianus libro XLIV. digestorum.

Qui pignori rem dat, usucapit, quamdiu res apud creditorem est; si creditor ejus possessionem alii tradiderit, interpellabitur usucapio, et quantum ad usucapionem attinet, similis est ei, qui quid deposuit vel commodavit, quas palam est desinere usucapere, si commodata vel deposita res alii tradita fuerit ab eo, qui commodatum vel depositum acceperit. *Plane si creditor nuda conven-*

---

1) Daß der Pfandgläubiger, da wo er sich bei der Verpfändung des ihm verpfändeten Objekts als Eigenthümer u. s. f. gerirt hat, so weit dies nachtheilig für den zweiten Pfandgläubiger ist, letzterem persönlich verhaftet sey, versteht sich von selbst.

2) Hepp, Archiv. Bd. XIII. S. 355.

tione hypothecam contraxerit, usucapere debitor perseverabit [1]).

Zwar denkt man bei dieser Stelle gewöhnlich nicht an eine vom Pfandgläubiger bestellte Hypothek, sondern vielmehr an eine vom Schuldner dem Gläubiger eingeräumte; allein nach der Fassung der Stelle wird der Gläubiger als Disponent betrachtet, was er nur bei der Afterverpfändung ist, nicht aber da, wo ihm eine Sache verpfändet wird.

Enthält demnach die Afterverpfändung zwar eine weitere Verpfändung des verpfändeten Objekts, so darf dies doch nicht so verstanden werden, als würden dadurch die Wirkungen herbeigeführt, welche mit der Verpfändung von Seite des Eigenthümers u. s. f. eintreten, vielmehr kann der Gläubiger, wie sich eigentlich von selbst versteht, die ihm verpfändete Sache nur im Umfange seines Rechtes verpfänden [2]), einerlei, ob er sich bei der Verpfändung als Pfandgläubiger zu erkennen gegeben, oder sich als Eigenthümer u. s. f. gerirt hat. Daraus folgt zunächst, daß er objektiv nichts Anderes verpfänden kann, als was ihm ist verpfändet worden. Ist ihm demnach nur der ususfructus an einer Sache pfandweise eingeräumt worden, so kann auch das von ihm constituirte Pfandrecht wieder nur an dem usufructus, nicht aber an der proprietas, Statt finden, sollte er auch die Sache selbst, einerlei, ob als vorgeblicher Pfandberechtigter, oder als Eigenthümer, verpfändet haben:

Imp. *Gordianus* A. Lamponi et aliis.

Etiam id quod pignori obligatum est, a creditore pignori obstringi posse, jamdudum placuit, scilicet ut sequenti creditori utilis actio detur, tamdiuque eum is, qui jus repraesentat, tueatur, quamdiu in causa pignoris manet ejus, qui dedit. Sed si vos usumfructum possessionis

1) fr. 33. §. 4. de usurpat. (41. 3.)

2) Nach dem Grundsatze: nemo alteri plus juris concedere potest, quam ipse habet. fr. 54. de R. J. (50. 17.) Glück, Comment. Bd. XIV. S. 58.

tantummodo pignori dedistis, isque qui accepit, alii eam possessionem, cujus usumfructum nexum habebat, sine vestra voluntate pignoravit, creditor ejus id, in quo pignoris vinculum non constitit, distrahens dominio vos privare nequivit. Quodsi non fuit vestro creditori ususfructus, sed ipsa possessio pignorata, et ante exsolutam a domino pecuniam creditor secundus pignus acceptum vendidit, non posse venditionem post solutam pecuniam rescindi, divorum principum placitis continetur [1]).

Das Pfandrecht des Afterpfandgläubigers ist demnach bedingt durch das Pfandrecht seines Verpfänders, und kann, weil eben nur der Pfandgläubiger, nicht der Eigenthümer, dasselbe bestellt hat, auch nur mit einer utilis hypothecaria actio geltend gemacht werden. Ebendeshalb erlischt auch sein Pfandrecht, wenn das Pfandrecht seines Verpfänders erlischt, namentlich also, wenn die Forderung des Afterverpfänders durch Zahlung getilgt wird; wobei es einerlei ist, ob die Zahlung an den Afterverpfänder oder an den Afterpfandgläubiger erfolgt:

Papinianus libro III. responsorum.

Soluta pecunia creditor possessionem pignoris quae corporalis apud eum fuit, restituere debet, nec quidquam amplius praestare cogitur. *Itaque si medio tempore pignus creditor pignori dederit, domino solvente pecuniam, quam debuit, secundi pignoris neque persecutio dabitur, neque retentio relinquetur* [2]).

---

1) c. 1. C. si pignus pignori. (8. 24.)

2) fr. 40. §. 2. de pignerat. act. (13. 7.) cf. fr. 13. §. 2. de pignorib. (20. 1.) verbis: *Quodsi dominus solverit pecuniam, pignus quoque perimitur.* fr. 14. §. 3. de divers. temp. praescript. (44. 3.) verbis: *quamdiu pecuniam mihi non exsolveris.* c. 2. C. si pignus pignori (8. 24.). Impp. *Diocletianus* et *Maximianus* A. A. Gemello. Si creditor possessionem, quae a parentibus tuis pignoris jure fuerat obligata, non vendidit, sed alii creditori pignori dedit, examinata fide veri *poteris eam soluto eo, quod ex hac causa creditori debetur,* intercessu praesidis provinciae *recuperare.*

Schon hieraus folgt, was noch ausdrücklich bemerkt wird, daß das Afterpfandrecht an der Sache nicht weiter reiche, als die beiderseitigen Forderungen (des Afterverpfänders und Afterpfandgläubigers) sich decken, daß mithin der Afterpfandgläubiger, sollte er auch mehr an den Afterverpfänder zu fordern haben, als die Summe beträgt, für welche diesem das Pfand war bestellt worden, dennoch dem ersten Verpfänder gegenüber nur bis auf den Belauf der letzteren an der Sache berechtigt erscheint, so daß, wenn die Forderung, für welche das Pfand dem Afterverpfänder war bestellt worden, durch Zahlung an den Afterverpfänder oder auch den Afterpfandgläubiger ist getilgt worden, dem letzteren gegen den besitzenden Verpfänder weiter keine persecutio, und wenn dieser gegen ihn, als Besitzer der verpfändeten Sache, klagend auftritt, auch keine exceptio mehr zusteht:

Marcianus libro singulari ad formulam hypothecariam.

Quum pignori rem pignoratam accipi posse placuerit, *quatenus utraque pecunia debetur*, *pignus secundo creditori tenetur*, et tam exceptio quam actio utilis ei danda est. Quodsi dominus solverit pecuniam, pignus quoque perimitur [1]).

Daß die Worte: „*quatenus utraque pecunia debetur*" entsprechend nur durch: „soweit die beiderseitigen Forderungen sich decken" übersetzt werden können, unterliegt wohl keinem Zweifel, indem die gewöhnliche Uebersetzung [2]): „so lange die beiderseitigen Forderungen bestehen," offenbar das nicht erschöpfend wiedergibt, was Marcian sagen will, während erstere Deutschung außer dem Hauptgedanken Marcian's, für welchen Umfang der

---

1) fr. 13. §. 2. de pignorib. (20. 1.)

2) Vergl. Glück, Comment. Bd. XIV. S. 58. Note 79. *Huschke*, de pignore nominis pag. 29. not. y. Hepp, Archiv. Bd. XIII. S. 356. Sintenis, in der Uebersetzung des corpus juris. Bd. II. S. 480.

Forderung nämlich dem Afterpfandgläubiger das Pfand hafte, zugleich auch, wie das lateinische: quatenus utraque pecunia debetur, die Beziehung auf das Bedingtseyn des Afterpfandrechtes durch das Fortbestehen der beiderseitigen Forderungen enthält, indem, wenn beide Forderungen sich decken sollen, dieselben auch nothwendig noch bestehen müssen [1]). Ganz anders muß sich aber die Sache dem Afterverpfänder gegenüber verhalten; denn dieser muß, um sich gegen die actio hypothecaria des Afterpfandgläubigers zu schützen, oder um die verpfändete Sache von dem Afterpfandgläubiger abfordern zu können, letzterem stets die Summe zahlen, für welche er das Afterpfand bestellt hat, sollte sich dieselbe auch viel höher belaufen als die Forderung, für welche ihm die Sache selbst verpfändet ist. Zwar lassen sich für diesen Satz keine Belegstellen aus unseren Rechtsquellen anführen; allein er versteht sich so sehr von selbst, daß er keiner weiteren Belege bedarf.

So wie nun das Afterpfandrecht ein Pfandrecht an der verpfändeten Sache ist, weshalb eben dem Afterpfandgläubiger zur Verfolgung derselben eine utilis hypothecaria actio zusteht, so hat der Afterpfandgläubiger auch das Recht, die Pfandsache zum Zwecke seiner Befriedigung zu veräußern, wozu jedoch erforderlich ist, daß die Forderung des Afterverpfänders fällig sey, indem sonst ein Veräußerungsrecht bei dem Afterpfandgläubiger so wenig begründet ist, als beim ersten Pfandgläubiger. Dieses Veräußerungsrecht des Afterpfandgläubigers wird in dem schon oben allegirten Rescripte von Gordian in c. 1. C. pignus pignori. (8. 24.) auch ausdrücklich anerkannt,

1) Es ist durch das: „quatenus utraque pecunia debetur", das, was Alexander in c. 4. C. quae res pignori (8. 16.) dadurch, daß er dem Pfandgläubiger, dem ein nomen war verpfändet worden, rescribirt: der ursprüngliche Schuldner werde genöthigt: „satis tibi facere usque ad id quod tibi deberi a creditore ejus probaveris, quatenus tamen ipse debet," ausdrückt, gleichfalls, jedoch kürzer, ausgedrückt. Aehnlich erklärt jene Worte Mühlenbruch, Cession. S. 333. Note 175. Vergl. auch Hepp, Archiv. Bd. XIII. S. 356 u. 357.

indem der Kaiser bemerkt, daß, wenn der erste Pfandgläubiger das ihm verpfändete Objekt weiter verpfändet, und der Afterpfandgläubiger dasselbe, ehe die erste Pfandschuld sey abgetragen worden, veräußert habe, die Veräußerung nicht könne angefochten werden:

„Quodsi non fuit vestro creditori ususfructus, sed ipsa possessio pignorata, et ante exsolutam a domino pecuniam, creditor secundus pignus acceptum vendidit, non posse venditionem post solutam pecuniam rescindi, divorum principum placitis continetur."

Aber nicht blos die Forderung des Afterverpfänders muß fällig seyn, damit der Afterpfandgläubiger giltig veräußern könne, sondern auch die des Afterpfandgläubigers, wie sich dies deshalb von selbst versteht, weil die Veräußerungs-Befugniß dem Pfandgläubiger immer nur für den Fall eingeräumt ist, daß er nicht zu gehöriger Zeit befriedigt werde [1]). Hat demnach der erste Pfandgläubiger, erst nachdem seine Pfandforderung schon fällig geworden war, für eine von ihm contrahirte, noch nicht fällige Schuld eine Afterverpfändung vorgenommen, so kann dies für den ersten Verpfänder insofern vortheilhaft seyn, als jetzt, ehe die Forderung des Afterpfandgläubigers fällig geworden ist, nicht zur Veräußerung der verpfändeten Sache geschritten werden kann, selbst nicht von Seite des Afterverpfänders. Der Afterpfandgläubiger ist nämlich in Concurrenz mit dem Afterverpfänder potior in pignore:

Scaevola libro singulari quaestionum publice tractatarum.

Et si mihi pignori dederis et ego eandem rem alii pignoravi, meus creditor utetur accessione tui temporis tam adversus extraneum quam adversus te ipsum, quamdiu pecuniam mihi non exsolveris. *Nam*

---

1) fr. 4. de distract. pign. (20. 5.). *Papinianus* libro XI. responsorum. Cum solvendae pecuniae dies pacto profertur, convenisse videtur, ne prius vendendi pignoris potestas exerceatur. cf. c. 5 u. 8. C. eod. (8. 28.)

qui me potior est, quum ego te superaturus sim, multo magis adversus te obtinere debet. Sed si pecuniam mihi solveris, hoc casu accessione tua non utetur [1]).

und demnach kann auch der Afterverpfänder die von ihm weiter verpfändete Sache, mit der Wirkung, daß dadurch das Pfandrecht des Afterpfandgläubigers aufhöre, nicht veräußern [2]).

Durch die bisherigen Bemerkungen hoffen wir gezeigt zu haben, daß das subpignus nur in der Verpfändung der verpfändeten Sache im Umfange des Rechtes des Afterverpfänders bestehe, und es bleibt uns demnach nur noch die Frage zu erörtern übrig, ob das subpignus zugleich eine Verpfändung des Forderungsrechts, für welches dem Afterverpfänder die verpfändete Sache haftet, enthalte. Diejenigen Rechtslehrer, welche mit der Afterverpfändung zugleich eine stillschweigende Verpfändung des Forderungsrechtes des Afterverpfänders verbunden glauben, stützen sich hauptsächlich auf die accessorische Natur des Pfandrechtes, woraus sie dann folgern, daß, weil das Pfandrecht ohne die Forderung, für welche es bestellt ist, nicht bestehen kann, dasselbe auch ohne letztere nicht verpfändet werden könne, und daß demnach die Afterverpfändung immer auch eine stillschweigende Verpfändung des Forderungsrechtes enthalte [3]). Allein diese Schlußfolgerung würde uns nicht befriedigen, selbst wenn wir die Afterverpfändung für eine Verpfändung des Pfandrechtes, nicht aber der verpfändeten Sache, hielten; denn um dieselbe einigermaßen zu begründen, hätte erst nachgewiesen werden müssen, daß das Pfandrecht im Sinne der Prädial-Servituten accessorischer Natur sey, d. h. daß so wie diese, selbst der Ausübung nach, nicht von dem herrschenden

1) fr. 14. §. 3. de div. temporal. praescript. (44. 3.)

2) fr. 1 u. 5. de distract. pign. (20. 5.) c. 8. C. qui potiores. (8. 18.)

3) Vergl. Mühlenbruch, Cession. S. 332 u. 333. von Löhr, Archiv. Bd. XIV. Heft 2. S. 262. Gesterding, Pfandrecht. S. 80. Fritz, Erläuterungen zu v. Wening-Ingenheim's Lehrbuch. Heft 2. S. 541.

oder dienenden Grundstücke, so das Pfandrecht nicht von der Forderung getrennt werden könne; denn die Verpfändung des Pfandrechtes würde ja nicht eine Uebertragung des Pfandrechtes dem Rechte nach enthalten, sondern gerade wie die Verpfändung sonstiger Rechte, nur eine pfandweise Einräumung eines Pfandrechtes zum Zwecke der Sicherheit einer Forderung. Wäre aber auch das Pfandrecht weder dem Rechte noch der Ausübung nach getrennt von der Forderung übertragbar, so würde immer nur gesagt werden können: da das Pfandrecht, getrennt von der Forderung, weder dem Rechte noch der Ausübung nach einem Andern überlassen werden kann, so kann dasselbe auch nur mit der Forderung verpfändet werden; nicht aber: so liegt in der Verpfändung des Pfandrechtes auch eine stillschweigende Verpfändung des Forderungsrechtes; denn sonst müßte man auch sagen: da eine servitus praedii, getrennt vom herrschenden Grundstücke, einem Andern weder dem Rechte noch der Ausübung nach überlassen werden kann, so enthält die Verpfändung einer Prädial-Servitut auch eine stillschweigende Verpfändung des herrschenden Grundstückes; dann wäre aber, so wie im letzteren Falle nicht ein pignus servitutis, sondern ein pignus praedii bestände, auch im ersteren Falle nicht ein pignus pignoris, ein subpignus, sondern vielmehr ein pignus nominis vorhanden [1]). Da jedoch die Römer nirgends von einer Verpfändung des Pfandrechtes, sondern, wie nachgewiesen, immer nur von einer Verpfändung der verpfändeten Sache reden, welche Befugniß sie dem Pfandgläubiger, wegen seines unmittelbaren Rechtes an der Sache, in der Art einräumen, daß das Objekt des ersten Pfandrechtes auch das Objekt des zweiten Pfandrechtes bildet, nur daß das zweite Pfandrecht abhängig ist von dem Umfange und dem Bestehen des ersten, so haben wir um so weniger Ursache bei der Afterverpfändung, blos wegen der accessorischen Natur des Pfandrechtes, an eine stillschweigende Verpfändung des dem ersten Pfandrechte zu

1) Dies spricht auch Thibaut, wenn man anders den Zusätzen zu seinem Pandekten-Systeme von Braun Bd. II. §. 685 u. 648. Glauben beimessen kann, geradezu aus.

Grunde liegenden Forderungsrechtes, zu denken, als ja dem Pfandgläubiger auch das Recht zusteht, die ihm verpfändete Sache zu verpachten [1]), selbst an den Verpfänder [2]), wobei doch Niemand daran denkt, daß hiermit das Forderungsrecht des Pfandgläubigers mit verpachtet sey.

Bisher haben wir zu zeigen gesucht, daß aus der accessorischen Natur des Pfandrechtes keineswegs gefolgert werden könne, daß mit der Afterverpfändung zugleich eine stillschweigende Verpfändung des dem Afterverpfänder zustehenden persönlichen Forderungsrechtes verbunden sey, und es fragt sich demnach nur: ob nicht etwa durch positive Bestimmung eine solche, als in der subpignoratio enthalten, angenommen werde. Man hat sich hierfür auf ein von Marcian herrührendes, sehr bestrittenes [3]) Fragment berufen:

Marcianus libro singulari ad formulam hypothecariam.

Quum pignori rem pignoratam accipi posse placuerit, quatenus utraque pecunia debetur, pignus secundo creditori tenetur, et tam exceptio quam actio utilis ei danda est. Quodsi dominus solverit pecuniam, pignus quoque perimitur. Sed potest dubitari, numquid creditori nummorum solutorum nomine utilis actio danda sit, an non? Quid enim si res soluta fuerit? Et verum est, quod *Pomponius* libro septimo ad edictum scribit: si quidem pecuniam debet is, cujus nomen pignori datum est, ex-

1) fr. 23. pr. de pignoribus (20. 1.). *Modestinus* libro III. regularum. Creditor praedia sibi obligata ex causa pignoris locare recte poterit.

2) fr. 37. de pignorat. act. (13. 7.). *Paulus* libro V. ad Plautium. Si pignus mihi traditum locassem domino, per locationem retineo possessionem, quia ante quam conduceret debitor, non fuerit ejus possessio, quum et animus mihi retinendi sit, et conducenti non sit animus possessionem adipiscendi. cf. fr. 37. de acq. poss. (41. 2.)

3) Ueber die verschiedenen Erklärungen dieser Stelle vergl. Hepp, Archiv. Bd. XIII. Heft 3. S. 355 folg. und die daselbst angeführten Schriftsteller, und Bd. XV. Heft 1. S. 86 folg. Gesterding, Pfandrecht. S. 78 — 81.

acta ea creditorem secum pensaturum; si vero corpus is debuerit, et solverit, pignoris loco futurum apud secundum creditorem [1]).

Weil sich Marcian hier rücksichtlich der Frage: ob nicht dem Afterpfandgläubiger, im Falle der erste Verpfänder seine Schuld abgetragen und dadurch seine Sache von dem Pfandnexus befreit habe, ein utiles Pfandrecht an den Objekten der früheren Pfandschuld zustehe, auf die Entscheidung des Pomponius für den Fall, wo ein nomen (ein persönliches Forderungsrecht) war verpfändet worden, beruft, so hat man angenommen, daß das subpignus ebenfalls eine Verpfändung eines persönlichen Forderungsrechtes, und zwar des persönlichen Forderungsrechtes des Verpfänders, enthalten müsse, weil sonst jene Berufung ganz unpassend seyn würde; und daß demnach bei der subpignoratio nicht blos die von Marcian ausdrücklich bemerkte Folge der Verpfändung eines persönlichen Forderungsrechtes, — wonach, wenn der erste Verpfänder nicht Geld oder gerade fungibele Sachen derselben Art, wie sie der Afterpfandgläubiger zu fordern hat, schuldig war, der Afterpfandgläubiger an den gezahlten Objekten der früheren Pfandschuld des ersten Verpfänders ein utiles Pfandrecht haben soll, — sondern auch alle übrigen Folgen eines pignus nominis eintreten müßten, so daß also der Afterpfandgläubiger durch die Anzeige der geschehenen Afterverpfändung an den ersten Verpfänder bewirken könne, daß dieser nicht mehr durch Zahlung an den Afterverpfänder befreit werde [2]), weil dies auch bei dem nomen oppignoratum sich so verhalte:

---

1) fr. 13. §. 2. de pign. (20. 1.). Die Basiliken geben über diese Stelle gar keinen Aufschluß, indem sie, nach der Bemerkung, daß eine verpfändete Sache vom Gläubiger weiter verpfändet werden könne, wo dann durch die Zahlung der ursprünglichen Pfandschuld beide Pfandrechte erlöschen, geradezu die Verpfändung eines persönlichen Forderungsrechtes folgen lassen.

2) Westphal, Pfandrecht. §. 144. Glück, Comment. Bd. XIV. S. 60 folg. Mühlenbruch, Cession. S. 332. Schweppe, Handbuch. Bd. II. §. 340. Fritz, Erläuter. zu v. Wening-Ingenheim's Lehrbuch. Heft 2. S. 541.

Imp. *Alexander* A. Evocato.

Nomen quoque debitoris pignorari et generaliter et specialiter posse jam pridem placuit. Quare si debitor is satis non fecerit, cui tu credidisti, ille cujus nomen tibi pignori datum est, nisi ei cui debuit, solvit, *nondum certior a te de obligatione tua factus*, utilibus actionibus satis tibi facere usque ad id, quod tibi deberi a creditore ejus probaveris compelletur, quatenus tamen ipse debet. [1]) und daß demnach auch der Afterpfandgläubiger die Forderung, für welche dem Afterverpfänder die verafterpfändete Sache war verpfändet worden, mit einer utilis actio in personam einklagen könne, gerade so wie dem Pfandgläubiger, welchem ein nomen sey verpfändet worden, eine utilis actio gegen den Schuldner seines Verpfänders zustehe [2]). Ja von Löhr will sogar die Worte Marcian's in dem fr. 13. §. 2. de pign. cit.: „*et tam exceptio quam actio utilis ei danda est*," geradezu auf die actio in personam aus dem Forderungsrechte des Afterverpfänders beziehen [3]); und hält man die subpignoratio zugleich für eine Verpfändung des Forderungsrechtes des Afterverpfänders, so muß man dem Afterpfandgläubiger consequent auch das Recht einräumen, die Forderung seines Verpfänders zum Zwecke seiner Befriedigung zu veräußern, so daß der Käufer nun als Cessionar in Betracht käme; denn dieser Befriedigungsweg ist ja dem Gläubiger, welchem ein nomen ist verpfändet worden, gleichfalls gestattet:

---

1) c. 4. C. quae res pign. (8. 16.)

2) Vergl. die S. 114. Note 2. angeführten Rechtslehrer und fr. 18. pr. de pignorat. act. (13. 7.)

3) Archiv. Bd. XIV. Heft 2. S. 163. Note 7. und S. 164. Note 11. Daß aber die hier erwähnte actio utilis nicht eine actio in personam utilis, sondern eine actio hypothecaria utilis sey, geht aus der Ansicht der Stelle selbst hervor. Sie ist deshalb nicht die directa, weil die Verpfändung nicht von dem Eigenthümer, sondern von dem Pfandgläubiger ausgegangen ist; vergl. meine Abhandlung über die Natur des Pfandrechtes. Nro. IX. S. 116 — 117.

Imp. *Diocletianus* et *Maximianus* A. A. Manassae.

Postquam eo decursum est, ut cautiones quoque debitorum pignori dentur, ordinarium visum est, *post nominis venditionem utiles emtori*, sicut responsum est, vel ipsi creditori postulanti *dandas actiones* [1]).

Ein gewisses Mißtrauen gegen die Richtigkeit dieser Theorie dürfte jedoch schon der Umstand herbeiführen, daß, wie Gesterding in der zweiten Auflage seines Pfandrechtes, in welcher er die angegebene Theorie adoptirt hat, selbst bemerkt [2]): „alle die verhältnißmäßig vielen Stellen, die vom verpfändeten Pfande handeln, blos von der Sache reden, daß in allen nur die Rechte des Gläubigers am verpfändeten Pfande hervortreten, und von den Rechten gegen die Person des (ersten) Schuldners auch nicht einmal nebenher die Rede ist." Sehr mit Recht bemerkt daher auch Hepp [3]), daß die Schlußfolgerung, welche man auf die eine, von Marcian hervorgehobene, dem subpignus mit dem pignus nominis gemeinschaftliche Wirkung, auf Gleichstellung beider Verhältnisse auch in ihren übrigen Wirkungen baut, keinen hinlänglichen Grund habe; denn mit eben dem Rechte würde man auch aus dem Umstande, daß die Verpfändung eines Forderungsrechts theilweise ähnliche Wirkungen herbeiführt, wie die Cession eines solchen, auch folgern können, daß die Verpfändung eines Forderungsrechtes eine Cession desselben enthalte, wodurch dann das pignus nominis aufgehoben und statt dessen eine datio in solutum herbeigeführt würde, gerade wie durch die obige Schlußfolgerung das subpignus in ein pignus nominis umgewandelt wird.

So wenig wir aber der bisher angegebenen, jetzt gewöhnlich angenommenen Erklärung des fr. 13. §. 2. cit. beistimmen können, eben so wenig können wir der von Hepp [4]) versuchten Erklärung Beifall geben; so wie es uns denn überhaupt scheint,

---

1) c. 7. C. de heredit. vel act. vend. (4. 39.)

2) Pfandrecht. S. 80. Note 30.

3) Archiv. Bd. XIII. Heft 3. S. 374 folg. Bd. XV. Heft 1. S. 86.

4) Archiv. Bd. XV. Heft 1. S. 86 — 88.

daß man bei der Erklärung der fraglichen Stelle die Natur des Pfandrechtes nicht berücksichtigt habe, und demnach da Schwierigkeiten finden mußte, wo, hätte man die Natur des Pfandrechtes berücksichtigt, solche nicht vorhanden gewesen wären. Das Auffallende nämlich, welches die verschiedenen Erklärungsversuche veranlaßt hat, ist, daß Marcian eine Entscheidung des Pomponius über die Folgen, welche bei einem pignus nominis dadurch, daß die verpfändete Forderung durch Zahlung getilgt wird, für den bisherigen Pfandgläubiger an dem nomen, in Beziehung auf die gezahlten Objekte, herbeigeführt werden, anwendet auf den Fall, wo derjenige, dem für seine Forderung ein Pfand war bestellt worden, die verpfändete Sache weiter verpfändet hatte, und nun das beiderseitige Pfandrecht durch die Abtragung der ursprünglichen Pfandschuld erlischt. Es soll nämlich in beiden Fällen, wenn die Zahlung an den Pfandgläubiger des ersten Gläubigers erfolgt, im Falle die Forderung des ersteren auf fungibele Sachen derselben Art gerichtet war, als worin die Zahlung erfolgte, Compensation eintreten; war dagegen die Forderung des Verpfänders oder Afterverpfänders auf species (corpora) gerichtet, so soll der, dem die Forderung oder die dafür verpfändete Sache war verpfändet worden, ein Pfand-Recht an den abgetragenen species erlangen, welches Pfandrecht ihm auch zustehen soll, wenn die Zahlung der schuldigen species nicht an ihn, sondern an den eigentlichen Gläubiger erfolgte; während für den Fall, wo die verpfändete Forderung nicht auf species, sondern auf fungibele Gegenstände gerichtet war, und diese an den Verpfänder abgetragen wurden, sich eine ausdrückliche Bestimmung darüber, ob etwa der Pfandgläubiger an ihnen auch ein Pfandrecht erlange, nicht findet; doch leugnet man letzteres in der Regel 1), und zwar, wie es

1) Pfeiffer, praktische Ausführungen. Bd. I. Nro. 1. S. 5. und alle übrigen Rechtslehrer. Nur *Gaupp*, de nominis pignore. p. 44. will auch an den Geldstücken, wenn die Zahlung an den ersten Gläubiger erfolgte, dem, dem das nomen oder pignus war verpfändet worden, ein utiles Pfandrecht einräumen.

uns scheint, mit Recht; denn die abgetragenen Stücke war der Schuldner eigentlich nicht schuldig, und dieselben haben durch die Zählung rechtlich aufgehört zu existiren: quoniam functionem suam receperunt [1]). Gerade der letztere Fall veranlaßte Marcian bei der Afterverpfändung die Frage aufzuwerfen: ob nicht der Afterpfandgläubiger an den an den Afterverpfänder gezahlten Geldstücken ein Pfandrecht erhalte? und für die Beantwortung dieser Frage sich auf die Entscheidung des Pomponius bei einem nomen oppigneratum zu berufen. Diese Berufung wußte man sich nun nicht anders zu erklären, als daß man annahm: das subpignus enthalte gleichfalls ein pignus nominis, und zwar nach der gewöhnlichen Theorie eine Verpfändung der persönlichen Forderung des Afterverpfänders, für welche ihm die Sache war verpfändet worden, nach der von Hepp [2]) aufgestellten Erklärung aber eine Verpfändung des aus dem Pfandvertrage (contractus pignoratitius oder pactum hypothecae) des Afterverpfänders mit dem ersten Verpfänder für ersteren entspringenden persönlichen Forderungsrechtes. Daß die letztere Erklärung auf unrichtigen Voraussetzungen beruhe, haben wir schon oben nachgewiesen, sie würde aber, selbst wenn sich der von Hepp aufgestellte Begriff des subpignus rechtfertigen ließe, doch zur Erklärung der Stelle von Marcian, namentlich des seiner Berufung auf die Entscheidung des Pomponius unterliegenden Grundes, gar Nichts beitragen, weil sich nun immer noch fragen würde: wie Marcian dem Afterpfandgläubiger, nach Abtrag der von dem Schuldner des Afterverpfänders gezahlten species, an diesen gerade so ein Pfandrecht zusprechen könne, als wenn ihm die persönliche Forderung auf letztere selbst verpfändet wäre. Es rechtfertigt sich aber die Berufung Marcian's auf die Entscheidung bei einem nomen oppigneratum, ohne daß man eine stillschweigende Verpfän-

1) fr. 1. §. 1. de reb. cred. (12. 1.). Vergl. Pfeiffer a. a. O. und von Löhr, Archiv, Bd. XIV. S. 163.

2) Archiv. Bd. XV. S. 86 — 88.

dung des persönlichen Forderungsrechtes des Afterverpfänders bei der Afterverpfändung anzunehmen braucht, wodurch eben, wie oben gezeigt wurde, das subpignus in ein pignus nominis verwandelt würde, vollkommen aus der Natur des Pfandrechtes. Das Pfandrecht ist nämlich selbst ein Forderungsrecht, aber nicht ein persönliches, sondern ein dingliches, es ist eine obligatio rei; die verpfändete Sache haftet als persona accessorie obligata für dieselben Objekte, für welche der debitor principalis haftet [1]). Verpfändet demnach der Pfandgläubiger die ihm verpfändete Sache, so verpflichtet er dieselbe, so weit sie ihm verhaftet ist, also rücksichtlich seiner Forderung an dieselbe, seinem Gläubiger, und demnach muß dann auch, wenn die Gegenstände, für welche sie haftet, abgetragen werden, ganz dasselbe eintreten, was eintritt, wenn der Gläubiger seine persönliche Forderung auf jene Objekte verpfändet hat, wonach die indirekte Entscheidung Marcian's auf die von ihm aufgeworfene Frage ganz passend, und eigentlich erst allein passend, erscheint; denn enthielte das subpignus eine stillschweigende oppigneratio nominis, so würde die von Marcian aufgeworfene Frage und die darauf gegebene Entscheidung jedenfalls sonderbar genannt werden müssen; denn wenn das subpignus ein pignus nominis, mithin alle Folgen der Verpfändung des persönlichen Forderungsrechtes enthält, wofür dann die Frage in Beziehung auf die eine Folge und deren Entscheidung nach Analogie des pignus nominis? Nach unserer Erklärung steht aber Alles im besten Zusammenhange. Marcian sagt nun: „Da man angenommen hat, daß eine verpfändete Sache (vom Pfandgläubiger) wieder verpfändet werden könne, so ist die Sache dem Afterpfandgläubiger, so weit sich die beiderseitigen Forderungen decken, verhaftet, und es muß ihm daher (wenn er sich im Besitze befindet) eine exceptio, und auch (wenn er sich nicht im Besitze befindet) eine actio utilis (hypothecaria) gegeben werden. Im Falle da-

1) Vergl. meine Abhandlung über die Natur des Pfandrechtes, und oben S. 16.

gegen der Eigenthümer (der verpfändeten Sache) die schuldige Summe gezahlt hat, so erlischt auch das Pfandrecht. Es kann aber noch der Zweifel entstehen: ob nicht dem Afterpfandgläubiger in Beziehung auf die gezahlten Geldstücke eine utile Pfandklage zu geben sey, oder nicht? denn wie, wenn der Gegenstand der abgetragenen Schuld nicht Geld, sondern eine Sache (species) war? Und es muß hier das zur Anwendung kommen (et verum est), was Pomponius im siebenten Buche zum Edikte (über den Fall, wo ein nomen war verpfändet worden), schreibt: wenn derjenige, dessen Schuldverschreibung (nomen) ist verpfändet worden, Geld schuldig war, so rechnet der Pfandgläubiger, wenn er dasselbe eingehoben hat, damit seine Forderung auf, wenn er aber eine species schuldig war, und hat diese abgetragen, so erlangt der (zweite) Gläubiger daran ein Pfandrecht.“ Da also der Gläubiger, dem eine Forderung ist verpfändet worden, im Falle der Gegenstand der verpfändeten Forderung in Geld bestand, und die Zahlung an ihn selbst erfolgt ist, kein Pfandrecht an den empfangenen Geldstücken erhält, so kann er, auch wenn die Zahlung nicht an ihn, sondern an seinen Verpfänder erfolgte, an den Geldstücken kein Pfandrecht erhalten; während er, wenn der Gegenstand der verpfändeten Forderung nicht in Geld, sondern in species bestand, an den gezahlten Stücken stets ein Pfandrecht erwirbt, mögen sie an ihn selbst oder an seinen Verpfänder gezahlt worden seyn; welche Grundsätze dann gleichmäßig auch bei dem subpignus eintreten, weil die verpfändete Sache, gerade so wie der debitor selbst, dem Gläubiger für seine Forderung obligirt ist.

Hiernach ist also das subpignus immer eine Verpfändung der verpfändeten Sache, nicht aber eine Verpfändung des Pfandrechts, und auch nicht eine Verpfändung der persönlichen Forderung des Afterverpfänders. Es verhält sich vielmehr bei der Afterverpfändung gerade so, als wenn der Bürge sich im Auftrage des Gläubigers, bei welchem er sich ursprünglich verbürgt hat, für diesen bei dessen Gläubiger, so weit er aus der ursprünglichen Bürgschaft haftet, weiter verbürgt; denn so wie hier der Bürge sich im Auftrage des Gläubigers weiter verbürgt, so verpfändet der Pfandgläubiger die ihm verpfändete Sache in dem Umfange, in welchem ihm dieselbe verhaftet ist, seinem Gläubiger, und letzterer hat demnach auch eine utile Pfandklage, gerade so, wie im ersteren Falle der Gläubiger gegen den Bürgen eine Bürgschaftsklage hat, und es erlischt auch das Pfandrecht des Afterpfandgläubigers durch die Zahlung der Schuld des ersten Verpfänders gerade so, wie die Bürgschafts-Verbindlichkeit des Bürgen auch in Beziehung auf den zweiten Gläubiger dadurch erlischt, daß der ursprüngliche Schuldner seine Schuld abträgt. So wenig aber der zweite Gläubiger in diesem Falle eine persönliche Klage gegen den debitor principalis seines Schuldners hat, so wenig hat auch der Afterpfandgläubiger eine persönliche Klage gegen den Schuldner des Afterverpfänders, und so wenig daher jener den Schuldner seines Schuldners durch die Benachrichtigung davon, daß der Bürge des letzteren sich im Umfange seiner ursprünglichen Bürgschaftsschuld weiter verbürgt habe, verhindern kann, rechtsgiltig an seinen Gläubiger zu zahlen und dadurch zugleich den Bürgen zu befreien, so wenig kann auch der Afterpfandgläubiger, durch die Denunciation von der geschehenen subpignoratio an den ersten Verpfänder, diesen verhindern, an seinen Pfandgläubiger zu zahlen, und dadurch sein Pfand zu befreien [1]).

Durch die bisherigen Bemerkungen hoffen wir unsere Ansicht über das subpignus hinlänglich entwickelt und auch gerechtfertigt zu haben, und wir wenden uns demnach:

C) zur Verpfändung der Emphyteuse und Superficies, die wir, um Wiederholungen zu vermeiden,

---

1) Im Resultate mit unserer Ansicht über das subpignus und dessen Wirkungen, ist unter den Neueren blos von Wening-Ingenheim, Lehrbuch. Bd. I. §. 171. übereinstimmend.

bei der im Ganzen gleichartigen Natur beider Institute ganz passend mit einander verbinden können.

Darüber, daß sowohl von Seite des Emphyteuta als auch von Seite des Superficiars eine Verpfändung vorkommen könne, ist zunächst gar kein Streit, da die Verpfändungs-Befugniß von Seite des einen sowohl als von Seite des andern in unsern Quellen bestimmt anerkannt wird:

Paulus libro XXIX. ad edictum.

Etiam *vectigale praedium pignori dari potest, sed et superficiarium,* quia hodie utiles actiones superficiariis dantur [1]).

Zugleich unterliegt es keinem Zweifel, daß die Verpfändung sowohl als pignus, also mit Besitzüberlassung, als auch, ohne letztere, als blose hypotheca vorkommen könne:

Marcianus libro singulari ad formulam hypothecariam.

Et in superficiariis legitime consistere creditor potest adversus quemlibet possessorem, *sive tantum pactum conventum de hypotheca intervenerit, sive etiam possessio tradita fuerit, deinde amissa sit* [2]).

Zwar ist in dieser Stelle nur von der Verpfändung der Superficies die Rede; allein bei der Emphyteuse muß dasselbe gelten, da bei derselben nach der ersten Stelle jedenfalls die *pignoris* datio Statt findet, und da, wo diese zulässig ist, auch die Hypothek zugelassen wird [3]).

Nur darüber streitet man sich, was durch die Verpfändung einer Emphyteuse oder Superficies eigentlich verpfändet sey, die Sache oder das Recht [4])? Zunächst darf hier so viel bemerkt werden, daß

1) fr. 16. §. 2. de pignerat. act. (13. 7.)

2) fr. 13. §. 3. de pignorib. (20. 1.)

3) fr. 11. §. 3. de pign. (20. 1.)

4) Vergl. Westphal, Pfandrecht. §. 137 u. 138. Gesterding, Pfandrecht. S. 68 u. 69. Hepp, Archiv. Bd. XIII. Heft 3.

dieser Streit nicht die praktisch-wichtigen Folgen hat, wie der über das Objekt und die Wirkungen des subpignus, und daß von dem letzteren an sich gar kein Schluß auf die hier vorliegende Frage gilt. Das Pfandrecht besteht nämlich nur in einer obligatio, und ist demnach eine Sache verpfändet worden, so haftet diese dem Pfandgläubiger ganz in dem Umfange des Rechtes, welches der Verpfänder an ihr hatte, mithin, wenn der Verpfänder Eigenthümer war, dem Eigenthume nach. Verpfändet daher der Pfandgläubiger die ihm vom Eigenthümer verpfändete Sache weiter, so verpfändet er nicht weniger als ihm ist verpfändet worden; er verpfändet sie also wieder dem Eigenthume nach, jedoch nur so weit, als sie ihm selbst obligirt ist. Ganz anders verhält es sich dagegen bei der Emphyteuse und Superficies; denn bei diesen ist dem Emphyteuta oder Superficiar nicht das Eigenthum verhaftet, sondern sie haben nur das Recht der unmittelbaren Eigenthums-Ausübung an dem fremden Grundstücke oder Gebäude [1]). So wenig sie daher durch die Veräußerung des fundus emphyteuticarius oder der aedes superficiariae das Eigenthum übertragen, so wenig können sie auch letzteres verpfänden; sie können vielmehr den fundus immer nur als *emphyteuticarius* oder die aedes als *superficiariae*, also nur der unmittelbaren Eigenthums-Ausübung nach, veräußern und verpfänden:

Ulpianus libro LI. ad edictum.

Si fundus municipum vectigalis ipsis municipibus sit legatus, an legatum consistat petique possit? videamus. Et *Julianus* libro tricesimo octavo digestorum scribit: quamvis fundus vectigalis municipum sit, attamen, quia aliquod jus in eo is, qui legavit, habet, valere legatum. §. Sed et si non muncipibus, *sed alii fundum vectigalem legaverit, non videri proprietatem rei lega-*

S. 344. und Bd. XV. Heft 1. S. 80 — 83. *Mühlenbruch*, doctr. pand. Vol. II. §. 305. not. 6.

1) Vergl. oben S. 24 u. folg. und S. 56 u. folg.

tam, sed id jus, quod in vectigalibus fundis habemus [1]).

Idem libro LIII. ad edictum.

Si de vectigalibus aedibus non caveatur, mittendum in possessionem dicemus, nec jubendum possidere, (nec enim dominium capere possidendo potest) sed decernendum, *ut eodem jure sit, quo foret is qui non caverat*: post quod decretum vectigali actione uti poterit [2]).

Deshalb ist denn auch bei der Verpfändung von Seite des Emphyteuta oder Superficiars immer nur von der Verpfändung des fundus *vectigalis* oder der aedes *superficiariae* die Rede, wodurch schon hinlänglich ausgedrückt ist, daß hier nicht die proprietas, sondern nur „id jus quod in vectigalibus fundis vel aedibus superficiariis habemus," verpfändet sey, und deshalb wird noch ausdrücklich bemerkt, daß das an einem fundus vectigalis oder an den aedes superficiariae bestellte Pfandrecht mit dem Erlöschen des Rechtes in der Person des Emphyteuta oder Superficiars gleichfalls erlösche:

Scaevola libro I. responsorum.

Lex vectigali fundo dicta erat, ut, si post certum temporis vectigal solutum non esset, is fundus ad dominum rediret; postea is fundus a possessore pignori datus est. Quaesitum est: an recte pignori datus esset? Respondi: si pecunia intercessit, pignus esse. Item quaesitum est: si, quum in exsolutione vectigalis tam debitor quam creditor cessassent, et propterea pronuntiatum esset, fundum secundum legem domini esse, cujus potior causa esset? Respondi: *si, ut proponeretur, vectigali non soluto jure suo dominus usus esset, etiam pignoris jus evanuisse* [3]).

---

1) fr. 71. §. 5 u. 6. de legatis. 1.

2) fr. 15. §. 26. de damno inf. (39. 2.)

3) fr. 31. de pignorib. (20. 1.)

Paulus libro LXVIII. ad edictum.

Etiam superficies in alieno solo posita pignori dari potest, ita tamen, ut prior causa sit domini soli, si non solvatur ei solarium [1]).

Demnach kann denn auch der Gläubiger, wenn er zur Veräußerung des fundus emphyteuticarius oder der aedes superficiariae schreitet, dieselben nicht etwa der proprietas nach auf den Käufer übertragen, sondern nur in dem Umfange, in welchem sie ihm verpfändet sind, also nur im Umfange des emphyteutischen oder superficiarischen Rechtes.

Deshalb hat man die Verpfändung der Emphyteuse oder Superficies nicht für eine Verpfändung des emphyteutischen Grundstückes oder des superficiarischen Gebäudes, sondern für eine Verpfändung des emphyteutischen oder superficiarischen Rechtes gehalten, und nur gefragt, weßhalb die Römischen Juristen, bei der Verpfändung der Emphyteuse oder Superficies, immer nur von der Verpfändung des *ager* vectigalis oder der *aedes* superficiariae sprächen, nirgends aber die Verpfändung des *jus* emphyteuseos oder superficiei erwähnten? Gesterding [2]), der in der zweiten Auflage seines Pfandrechtes die Verpfändung der Emphyteuse und Superficies, abweichend von seiner früheren Darstellung, gleichfalls für eine Verpfändung des *jus* emphyteuticum oder superficiarium ansieht, nicht aber für eine Verpfändung des *fundus* emphyteuticarius oder der *aedes* superficiariae, tadelt deshalb die römischen Juristen, während Hepp [3]), obgleich der Ansicht Gesterding's rücksichtlich des Objektes der Verpfändung der Emphyteuse und Superficies beitretend, doch die Römischen Juristen wegen ihres Sprachgebrauches gegen den Tadel Gesterding's in Schutz nimmt, indem er glaubt, daß hier die Römischen Juristen nur die im gemeinen

1) fr. 15. qui potiores. (20. 4.)

2) Pfandrecht. S. 68 — 69.

3) Archiv. Bd. XV. Heft 1. S. 88 — 83.

Leben übliche Ausdrucksweise befolgt hätten. Allein nach dem, was wir über die Natur der Emphyteuse und Superficies und deren Verschiedenheit von den Servituten bemerkt haben, rechtfertigt sich das, was die Römischen Juristen über das Objekt der Verpfändung von Seite des Inhabers einer Emphyteuse oder Superficies bemerken, vollkommen. Während nämlich das unmittelbare Objekt der Servitut selbst nur in jure consistit, nämlich in den, aus dem intellektuellen Umfange des Eigenthums dem Rechte nach abgelös'ten Befugnissen, und demnach auch bei der Verpfändung derselben immer nur von der Verpfändung des jus im objektiven Sinne, nicht aber von der Verpfändung eines corpus, die Rede seyn kann, verhält sich dies bei der Emphyteuse und Superficies ganz anders; denn deren unmittelbares Objekt besteht nicht in jure, nicht in intellektuellen, aus dem Umfange des Eigenthums dem Rechte nach ausgeschiedenen, und als selbstständiges Objekt der Emphyteuse oder Superficies eingeräumten Befugnissen, sondern in dem fundus emphyteuticarius oder den aedes superficiariae selbst, weßhalb bei denselben auch keine *juris* possessio und keine *juris* vindicatio, sondern vielmehr eine *corporis* possessio und vindicatio vorkömmt, und weßhalb also auch als Objekt der Verpfändung der Emphyteuse oder Superficies immer der fundus emphyteuticarius oder die aedes superficiariae selbst genannt werden mußten, wie denn auch die dem Pfandgläubiger, im Falle ihm die Emphyteuse oder Superficies als pignus ist eingeräumt worden, zustehende possessio nicht eine juris, sondern eine corporis possessio, und seine hypothecaria actio nicht eine *juris*, sondern eine *utilis rei* vindicatio ist.

Anhang.

Noch einige Bemerkungen über die Wirkung der Klagenverjährung.

In dem dritten Hefte seiner Zeitschrift für Civil- und Criminalrecht hat Roßhirt in einem Nachtrage zu seiner Abhandlung über die Wirkung der Klagenverjährung [1]) und zur weiteren Begründung seiner Ansicht, daß nämlich durch die Verjährung der Klagen, selbst bei Obligations-Verhältnissen, wenigstens in der Regel, nicht das Recht, sondern nur die Klage erloschen sey, und demnach jenes als naturalis obligatio fortbestehe, hingewiesen auf neue Argumente, welche Mühlenbruch [2]) angedeutet hat, und zugleich einige Bemerkungen über meine, dieselbe Frage behandelnde, jedoch im entgegengesetzten Sinne entscheidende Abhandlung eingeflochten; weßhalb hier gleichfalls noch einige Worte über diesen Gegenstand ihren Platz finden mögen.

Mühlenbruch will außer den gewöhnlich für die Fortdauer des Rechtes nach verjährter Klage angeführten Gründen und Stellen, dieselbe noch auf fr. 30. §. 1. ad leg. Aquil. (9. 2.) und insbesondere auf fr. 23. §. 2. de inoff. testam. (5. 2.), auf welche Stelle bisher noch gar keine Rücksicht ge-

1) In seiner Zeitschrift für Civil- und Criminalrecht. Heft 2. S. 156 — 172.

2) In Glück's Comment. Bd. XXXV. S. 462. Note 67.

nommen worden sey, stützen. Das fr. 30. §. 1. ad leg. Aquil. habe ich jedoch schon in meiner angeführten Abhandlung [1]) berücksichtigt, und es bleibt daher hier noch zu untersuchen, inwiefern das fr. 23. §. 2. de inoff. test. der Ansicht, daß mit der Verjährung der Klage, abgesehen von der Eigenthums- und Servitutenklage, nicht blos die Klage, sondern das Recht selbst, erloschen sey, entgegenstehe. Die Stelle selbst lautet folgendermaßen:

Paulus libro singulari de inofficioso testamento.

Si duo sint filii exheredati, et ambo de inofficioso testamento egerunt, et unus postea constituit non agere, pars ejus alteri accrescit. *Idemque erit et si tempore exclusus sit.*

Weil hier Paulus für den Fall, wo einer von mehreren Pflichttheils-Berechtigten seine Querel dadurch, daß er die für die Geltendmachung derselben gesetzlich bestimmte Zeit hatte ablaufen lassen, eingebüßt hat, dieselbe jure accrescendi noch den übrigen Pflichttheils-Berechtigten zu Statten kommen läßt, so folgert Mühlenbruch, daß durch die Verjährung nicht das Recht an sich, sondern nur die Möglichkeit der Klage für den säumigen Notherben ausgeschlossen werde, weil sonst von einem Anwachsungsrechte nach verjährter Querel nicht die Rede seyn könnte. Allein wir glauben, daß die angeführte Stelle gerade zu der entgegengesetzten Schlußfolgerung berechtige; denn wie kann da, wo das Recht selbst noch in der Person des bisher Berechtigten fortbesteht, wenn sich auch dasselbe nicht zur Klage eignen sollte, von einem Anwachsen desselben für andere Personen die Rede seyn? Damit ein Recht einem Andern als dem bisher Berechtigten zugesprochen werden könne, muß es doch erst in der Person des letzteren aufgehört haben zu existiren, und demnach muß auch, wenn nach der Ver-

1) S. 45 — 48.

jährung der Querel in der Person des einen von mehreren Pflichttheils-Berechtigten, dieselbe den übrigen zuwachsen soll, das Recht selbst in der Person des tempore exclusus erloschen seyn, weil sonst die Klage der übrigen weiter gehen würde als ihr Recht. Auch stellt ja Paulus den Fall, wo der eine Pflichttheils-Berechtigte durch den Ablauf der für die Geltendmachung seines Rechtes gesetzlich bestimmten Zeit ist ausgeschlossen worden, ganz gleich dem andern Falle, wo er auf seine Querel verzichtet hat, und in diesem Falle wird doch Niemand sagen wollen, er könne sein Recht noch immer per modum exceptionis geltend machen.

In Beziehung auf meine Abhandlung über die Wirkung der Verjährung der Klagen bemerkt Roßhirt, daß ich zwar in Widerlegung der Argumente meiner Gegner geschickt und glücklich verfahren, jedoch Manches einseitig aufgefaßt hätte, wie namentlich die Behauptung: daß, so weit sich die Lage des Berechtigten zur Klage eigne, sie sich nicht zu einer exceptio eigne, und umgekehrt [1], für welche Aussetzung er sich auf die actio redhibitoria beruft, deren sich der Käufer auch excipiendo bedienen könne, so daß hier ein Fall vorhanden sey, wo sich die Lage des Berechtigten gleichmäßig zur Klage und auch zur exceptio eigne.

Um hier Alles zu übersehen, müssen wir die verschiedenen möglichen Fälle sondern:

1) Zunächst kann auch hier der Fall vorkommen, wo die Lage des Käufers sich blos zur Klage eignet, wie dies überall da eintritt, wo der Käufer von seiner Seite den Vertrag schon erfüllt, also das pretium bezahlt hat.

2) Hat er aber auch das pretium noch nicht bezahlt, so sind wieder mehrere Fälle möglich. Er hat nämlich entweder:

---

1) Vergl. meine angeführte Abhandlung S. 8 — 21.

a) die erkaufte Sache wegen ihrer Fehler dem Verkäufer schon zurückgegeben, und dieser hat dieselbe angenommen. In diesem Falle hat er eine exceptio in factum gegen die Klage des Verkäufers auf Auszahlung des Kaufpreises, wie er, im Falle er das pretium schon gezahlt hätte, eine actio in factum auf Restitution des gezahlten Preises haben würde, welche Rechtsmittel (Klage und Einrede) perpetuae sind:

Ulpianus libro I. ad edictum Aedilium curulium.

In factum actio competit ad pretium recuperandum, si mancipium redhibitum fuerit. In qua non hoc quaeritur, an mancipium in causa redhibitionis fuerit? sed hoc tantum, an sit redhibitum? Nec immerito; iniquum est enim, posteaquam venditor agnovit recipiendo mancipium, esse id in causa redhibitionis, tunc quaeri, utrum debuerit redhiberi, an non debuerit? Nec de tempore quaeritur, an intra tempora redhibitus videatur [1].

Alfenus Varus libro II. digestorum.

Filiusfamilias peculiarem servum vendidit, et pretium stipulatus est; is homo redhibitus et postea mortuus est, et pater ejus pecuniam ab emtore petebat, quam filius stipulatus erat. Placuit aequum esse, in factum exceptionem eum objicere, quod pecunia ob hominem illum expromissa esset, qui redhibitus est [2].

Paulus libro LXXI. ad edictum.

Si servus venierit ab eo, cui dominus permisit, et redhibitus sit domino, agenti venditori de pretio exceptio opponitur redhibitionis, licet etiam is qui vendidit, domino pretium solverit [3].

---

1) fr. 31. §. 17. de aedil. edict. (21. 1.)

2) fr. 14. de except. (44. 1.)

3) fr. 5. §. 4. de doli mali except. (44 4.)

Oder

b) der Käufer war zwar mit dem Verkäufer über die Redhibition übereingekommen, allein er hatte die Sache noch nicht wirklich redhibirt. In diesem Falle fand zwar nach Römischem Rechte auf Restitution des schon gezahlten Kaufgeldes keine Klage Statt, auch nicht die vorher bemerkte actio in factum [1]), weil eben ein nach Perfektion des Kontraktes abgeschlossenes pactum keine Klage begründete; allein wenn der Käufer noch nicht gezahlt hatte, und vom Verkäufer auf Zahlung des Kaufgeldes belangt wurde, so hatte er aus jener conventio die exceptio pacti conventi, als exceptio perpetua, während ihm bei uns auch eine actio ex pacto auf Restitution des schon gezahlten Kaufgeldes zusteht.

Demnach bleibt nur noch der Fall übrig, wo

c) von dem bisher Bemerkten nichts geschehen ist, sondern der Käufer, der das pretium noch nicht gezahlt hat, sich, wegen Fehlerhaftigkeit der Sache, in der Lage befindet, Redhibition verlangen zu können. Auch hier müssen wir wieder zwei Fälle sondern:

α) Das für die redhibitio bestimmte tempus (sex menses utiles) ist noch nicht abgelaufen. Hier hat der Käufer jedenfalls die actio redhibitoria auf Auflösung des Kaufs; allein er soll, wenn er vom Verkäufer auf Auszahlung des Kaufpreises belangt wird, auch eine exceptio haben:

Ulpianus libro LXXIV. ad edictum.

Cum in ea causa est venditum mancipium, ut redhiberi debeat, iniquum est, venditorem pretium redhibendae rei consequi. §. 1. Si quis duos homines uno pretio emerit, et alter in ea causa sit, ut redhibeatur, deinde petatur pretium totum, exceptio erit objicienda; si tamen pars pretii petatur, magis dicetur non

1) fr. 31. §. 18. de aedil. edict. (21. 1.)

nocere exceptionem, nisi forte ea sit causa, in qua propter alterius vitium utrumque mancipium redhibendum sit [1]).

Diese exceptio, welche die Neueren exceptio redhibitoria [2]) nennen, denkt sich nun Roßhirt nach Grund und Gegenstand ganz zusammenfallend mit der actio redhibitoria. Ich kann jedoch hiermit nicht übereinstimmen; vielmehr ist nach meiner Ansicht diese exceptio keine andere, als die exceptio retentionis oder doli generalis, gerichtet auf Schüzzung gegen die Klage auf Auszahlung des Kaufpreises, aus dem Grunde, weil der Käufer Auflösung des Kaufes, wegen der an der Sache sich findenden Fehler, verlangen könne. Es hängt also die Wirksamkeit jener exceptio von der Entscheidung der Incidentfrage: ob Auflösung des Kaufes zulässig sey, ab, und insofern führt hier der Käufer seine actio redhibitoria in modum contradictionis ein, gerade wie der Pflichttheils-Berechtigte, wenn er sich im Besitze der Erbschaft befindet, gegen die hereditatis petitio des Testaments-Erben, seine querela inofficiosi testamenti auf diese Weise einführt:

Ulpianus libro XIV. ad edictum.

Si filius exheredatus in possessione sit hereditatis, scriptus quidem heres petet hereditatem, filius vero in modum contradictionis querelam inducet, quemadmodum ageret si non possideret sed peteret [3]).

Hiernach versteht es sich auch von selbst, daß

β) nach dem Ablaufe des tempus redhibitionis die actio redhibitoria auch nicht mehr in modum contradictionis ein-

1) fr. 59. de aedil. edicto. (21. 1.)

2) Vergl. Gesterding, in Linde's Zeitschrift. Bd. VI. Heft 1. S. 27.

3) fr. 8. §. 13. de inoff. testam. (5. 2.)

geführt, also nicht mehr zur Begründung der exceptio gegen die Klage auf Auszahlung des Kaufpreises gebraucht werden könne; denn eine Klage, die man nicht mehr hat, kann auch nicht in modum contradictionis eingeführt werden. Ganz dieselben Grundsätze müssen bei der querela inofficiosi testamenti entscheiden, wonach wir denn auch nicht, mit Unterholzner [1]), Francke [2]) und Mühlenbruch [3]), dem sich im Besitze befindenden Pflichttheils-Berechtigten noch nach verjährtem Querelrechte eine exceptio gestatten können.

Hierdurch hoffen wir die Richtigkeit des von uns aufgestellten Satzes: daß aus demselben Grunde und auf denselben Gegenstand gerichtet, Klage und Einrede niemals gleichzeitig derselben Person zustehen könnten, noch weiter nachgewiesen, und gegen die bemerkte Einwendung Roßhirt's gerechtfertigt zu haben. Auch haben wir schon an einem andern Orte [4]) nachgewiesen, daß von der Verjährung der Eigenthums- und Servituten-Klage durchaus kein Schluß auf die Klage aus Obligations-Verhältnissen zulässig sey, und sind demnach fortwährend der Ansicht, daß mit der Verjährung der Klage aus Obligations-Verhältnissen, das ganze Recht des Gläubigers gegen den Schuldner erloschen sey.

---

1) Verjährungslehre. Bd. II. S. 28.

2) Notherbenrecht. S. 314.

3) In Glück's Comment. Bd. XXXV. S. 463.

4) Vergl. meine Abhandlung über die Natur des Pfandrechts. Nro. III. S. 24 — 26. und Nro. IX.

Druckfehler.

Seite 8. Zeile 12. von oben statt jenes lese seines.
— 9. — 4. von unten st. sie l. er.
— 15. — 5. von oben st. Grnnde l. Grunde.
— 22. — 2. von unten st. Emphytenta l. Emphyteuta.
— 34. — 9. von oben st. mehmen l. men.
— 41. — 18. der Note st. gerichtl. l. geschichtl.
— 97. — 12. der Note st. Wenning l. Wening.

CPSIA information can be obtained
at www.ICGtesting.com
Printed in the USA
BVHW041052270720
584746BV00008B/109

9 781013 211577